Eberhard Schorsch

Kurzer Prozeß?

EVROPA

Eberhard Schorsch schildert die Chronologie eines »Kriminalfalles« von der Entdeckung der Straftat über die Zeit der Begutachtung bis zur Hauptverhandlung und zum Urteil, in dessen Zentrum ein Gutachten steht. Martin Dannecker nannte dieses Buch einen »großen Wurf«: »Inhaltlich ist es bemerkenswert, weil es den forensischen Alltag nicht nur kritisiert, sondern handelnd verändern möchte«. Schorsch ging es darum, psychodynamische Kategorien des Verstehens in das Strafverfahren einzuführen und damit die Dimension des Subjekts.

In seinem Nachruf auf Eberhard Schorsch schrieb Gerhard Mauz: »Eberhard Schorsch hat daran erinnert, daß auch der Täter, dem das Gräßlichste vorgeworfen wird, ›einer von uns‹ ist, einer, der sich durch seine Tat nicht selbst ausgeschlossen hat, sondern sie mitten unter uns, in der von uns zu verantwortenden Welt begangen hat.«

Prof. Dr. med. **Eberhard Schorsch,** Jahrgang 1935, war Leiter der Abteilung für Sexualforschung der Psychiatrischen Universitätsklinik Hamburg, Psychiater und gerichtlicher Gutachter. Sein vielleicht wichtigstes Gutachten war das über die Krankenschwester Michaela Roeder, die aus falschem Mitleid Patienten getötet hatte.

Seine Habilitationsschrift *Sexualstraftäter* hat für die Strafrechtsreform von 1970 eine bedeutende Rolle gespielt. 1977 veröffentlichte Schorsch das Standardwerk *Angst, Lust, Zerstörung,* 1985 erschien *Perversion als Straftat,* 1991, kurz vor seinem Tod, die vorliegende Arbeit *Kurzer Prozeß?*

Eberhard Schorsch

Kurzer Prozeß?

Ein Sexualstraftäter vor Gericht

Europäische Verlagsanstalt

Die Deutsche Bibliothek – CIP-Einheitsaufnahme

Schorsch, Eberhard: Kurzer Prozeß? :
Ein Sexualstraftäter vor Gericht /
Eberhard Schorsch. – 1. Aufl. –
Hamburg : Europäische Verlagsanstalt, 1995
(eva-Taschenbuch ; Bd. 228)
ISBN 3-434-46228-7
NE:GT

eva-Taschenbuch Band 228

Mit freundlicher Genehmigung der
Ingrid Klein Verlag GmbH
Umschlaggestaltung MetaDesign Berlin
unter Verwendung eines Plakats von 1964
Signet: Dorothee Wallner nach
Caspar Neher »Europa« (1945)
Druck und Bindung: Wagner, Nördlingen
Printed in Germany 1995
ISBN 3 434 46228 7

Inhalt

I

Wozu die Dokumentation eines Strafprozesses?

Das allgemeine Desinteresse an der Strafjustiz

Tagtäglich wird in deutschen Strafgerichten »im Namen des Volkes« geurteilt, Recht gesprochen; aber wir, in deren Namen gesprochen wird, kümmern uns darum nicht, solange wir selbst nicht »im Namen des Volkes« besprochen und beurteilt werden. Gerhard Mauz, der die Rechtsprechung in Deutschland Jahr für Jahr mal mehr begleitet, mal mehr verfolgt, immer aber kritisch kommentiert, hat dies kürzlich beklagt.[1] Auch die Medien, die unsere Blicke ausrichten, interessieren sich für die Strafjustiz vorwiegend unter dem Aspekt, ob sie Schlagzeilen zum Gruseln, Stoff für das Spiel der Phantasie liefert. Eine gewachsene und breit verankerte Kultur einer Justizkritik gibt es, von den wirklich wenigen Ausnahmen abgesehen, in Presse, Funk und Fernsehen nicht. Daß es die Strafjustiz gibt wie einen Dienstboteneingang, das weiß man, aber man muß ja nicht seiner ansichtig leben; und wie es im Hinterhof aussieht, bekümmert nicht, dahin blickt man so wenig wie unter den Teppich.

Blickte man aber hin, dann käme einiges in das Blickfeld, wie von Fall zu Fall in der Maschinerie der Justiz, der Strafverfolgung und -vollstreckung menschliche Existenzen vernichtet, Menschen – sei es gezielt, sei es gedankenlos – entwürdigt werden. Ich brauche nur auf ein vergangenes Jahr zurückzublicken:

– Eine junge anorektische Frau, bis vor kurzer Zeit

noch Patientin in einer psychosomatischen Klinik, vertauscht über Nacht das Krankenhausbett mit einer Pritsche in der Haft.

– Ein Hochschullehrer, ein Freund der Knaben, kein »Kinderschänder«, wird in seinem Universitätsinstitut in Handschellen abgeführt und versinkt für eineinhalb Jahre in der Finsternis der Untersuchungshaft.

– Eine Frau, mit sechs Kindern in Armut und Elend versunken, kommt in Untersuchungshaft, weil eines ihrer Kinder, geistig behindert – das Jugendamt sitzt im Nacken und droht bei ausbleibenden Entwicklungsfortschritten mit Heimeinweisung – die immer verzweifelteren »Erziehungsversuche« ihres Ehemannes eines Tages nicht überlebt und sie nicht rechtzeitig eingeschritten ist. In der Untersuchungshaft hat sie ein weiteres Kind geboren. Sie wird in Handschellen in Begleitung von zwei Beamten mit dem Säugling zum Kinderarzt ins Wartezimmer verfrachtet.

– Ein junger Mann, Sohn eines Anarchisten, im Banne des Vaters, in seinem Nimbus als moderner Robin Hood aufgewachsen, beteiligt sich mit zitternden Knien, um die Achtung des bewunderten Vaters nicht zu verlieren, an einem vom Vater ersonnenen Banküberfall. Seine Courage reicht gerade zum Schmierestehen. Während der Sohn in Untersuchungshaft ist, stirbt der Vater plötzlich. Der Sohn bekommt Haftverschonung. In den folgenden eineinhalb Jahren gelingt es ihm, sich innerlich vom Vater zu distanzieren, er heiratet, baut sich eine berufliche Perspektive auf und wird Vater eines Sohnes. In der Hauptverhandlung handelt er sich im Namen des Volkes vier Jahre Freiheitsstrafe ein, obwohl in einem psychiatrischen und einem psychologischen Gutachten das Ausmaß der tragischen biographischen Verstrickung klar und verständlich herausgearbeitet worden ist. Die Fundamente seiner neuen Lebensplanung sind mit dem Urteil zertrümmert, die Frau und das Kind bleiben auf der Strecke. Es wäre ein Wunder, besönne sich dieser junge Mann in der Strafhaft nicht seines Vaters, um ihn fürderhin als Leitbild zu reintegrieren.

Es geht in diesen Beispielen nicht darum, ob Strafen zu hart oder zu milde ausfallen, sondern »lediglich« darum zu zeigen, daß hier in dieser Maschinerie sich sinnlose Existenzvernichtung, blinde Menschenzerstörung ständig und stetig ereignen. All dies geschieht unbemerkt, unkommentiert, ohne daß sich Kritik meldet, Protest artikuliert, Anstoß genommen wird. Es ist auch nicht mit den Gedanken der Generalprävention zu rechtfertigen, auch nicht mit den Interessen der Opfer zu legitimieren.

Es ist erstaunlich und schwer zu begreifen, daß angesichts all dessen, was in den letzten hundert Jahren an Erkenntnissen gewonnen wurde über Delinquenz, psychische Störungen, soziale und psychische Abweichungen, über die Psychologie der strafenden Gesellschaft, über die Sozialpsychologie der Justiz etc., daß trotz dieser Erkenntnisse nach wie vor so gehandelt wird, als gäbe es all dieses Wissen nicht. Wir sind heute kaum einen Schritt über Reiwalds »Die Gesellschaft und ihre Verbrecher«[2] hinaus. Die Barbarei in diesem Bereich wirkt fort, Schwerstgestörte zuhauf hinter Gittern. Die Fortschritte der Aufklärung, sofern sie schreitet, sind winzig.

Ein früher Schritt der Aufklärung war die Differenzierung unter den Abweichlern in psychisch Kranke einerseits und Verbrecher andererseits. Später differenzierte man unter den Delinquenten in Hilfsbedürftige und Unterstützungswürdige, die Gestrauchelten einerseits, mit denen man zwar streng, aber nachsichtig umzugehen geneigt ist, und die heillosen Verbrecher andererseits, die die volle Härte des Gesetzes zu treffen hat. Sie sind nicht gestrauchelt, schwach, konfliktbeladen, sondern bedrohlich, gefährlich, sie verfügen über eine hohe »kriminelle Energie«, wie es archaisch vorrational in der Sprache des Gesetzes heißt. Neben der Kohle und dem Atom scheint dies eine dritte Form der Energie zu sein, die für das Zusammenhalten des Gemeinwesens offenbar wichtig ist.

Bei dieser Differenzierung ist es geblieben, ohne daß der Akt des Differenzierens selbst, die Definitionsmacht der Justiz und der Gesellschaft als eine Form von Gewalt und Willkür betrachtet beziehungsweise reflektiert wird. Dies bleibt elitären soziologischen Texten, sorgsam in Fachbibliotheken katalogisch vergraben, vorbehalten. Mit dieser Definitionsmacht wird eine Gruppe geschaffen, auf die sich die gesammelte Wut richten kann, auf die sich die solchermaßen legitimierte Gewalt entlädt.

Das Desinteresse der Psychiatrie an der Strafjustiz

Es gilt gleichermaßen für die Psychiatrie, daß sie vor der Kriminalität, dem Straftäter die Augen verschließen möchte, jedenfalls soweit sie akademisch etwas auf sich hält. So ist die forensische Psychiatrie ein Stiefkind ihres Faches, in der Wissenschaft wie in der Praxis. Etwas vereinfachend dargestellt ist die Psychiatrie in der Praxis in zwei Lager geteilt: auf der einen Seite die klinisch-therapeutisch, psychotherapeutisch orientierten Psychiater, die es in der Regel ablehnen, Gutachten in Strafprozessen zu machen und die forensische Begutachtungen generell auf das in der Facharztausbildung vorgeschriebene Mindestmaß beschränken; auf der anderen Seite Psychiater, meist ohne psychotherapeutische Ausbildung in Landeskrankenhäusern tätig, die auch forensische Aufgaben wahrnehmen und die es sich gefallen lassen müssen, von ihren Fachkollegen als »Kriminalpsychiater« herabgewürdigt zu werden.

Zwischen beiden Lagern gibt es nur schwer Verständigungsmöglichkeiten. Theoretisch wissenschaftliche Äußerungen aus dem Lager der forensischen Psychiatrie kamen und kommen bislang überwiegend von traditionellen Psychiatern, die, orientiert an der alten Schule der deskriptiven Psychopathologie, oft dezidiert antitherapeutisch und an Strafrechtsnormen ausgerichtet waren und sind. Psychodynamische Kategorien des Verstehens werden mit der Begründung abgelehnt, damit werde das

Strafrecht unterminiert. In einer solchen Konzeption des Faches mag sich der psychotherapeutisch orientierte Psychiater nicht wiedererkennen. Es resultiert das Mißverständnis, ein schwer auszumerzendes Vorurteil, Gutachtertätigkeit und therapeutische Orientierung seien im Selbstverständnis unvereinbar, man habe sich für das eine oder andere zu entscheiden.

Die von den Psychotherapeuten angeführten Gründe klingen zunächst einleuchtend: Das Strafverfahren ist ein prominenter Stützpfeiler im System der sozialen Kontrolle. Aufgabe der Psychotherapeuten ist es, eine Symptombildung zu verstehen, nicht sie moralisch zu bewerten. Die Sorge für das Funktionieren der sozialen Kontrolle, für das Einhalten von Normen ist nicht das Anliegen der Psychotherapie. Psychotherapeutisches Handeln und forensisches Begutachten gelten insoweit als inkompatibel. Man möchte nicht in Verdacht geraten, ein Erfüllungsgehilfe des Gerichts zu sein. Es ist die Scheu, es könne ein Geruch von Verurteilung an den Händen haften bleiben; und auch eine Exkulpierung im Einzelfall impliziert immer im Prinzip die Anerkennung des Ganzen.

Sehr viel banaler und weniger grundsätzlich sind andere Gründe. Wer sich einmal dem ausgesetzt hat, Sachverständiger in einem Strafverfahren zu sein, der muß mit einer Reihe kränkender Erfahrungen rechnen. Es beginnt damit, daß man von der Justiz zitiert und nicht gebeten wird. Und mit der Ladung ist zugleich eine Androhung von Strafe im Falle des Nichterscheinens verbunden. Dies ist ein Umgangston, der für einen umworbenen Psychotherapeuten, auf dessen Hilfe man Monate bis Jahre zu warten hat und auch klaglos wartet, höchst ungewöhnlich und störend ist.

Wenn man der Ladung tunlichst folgt, geht es mit den kränkenden Erfahrungen weiter. Man muß zum Beispiel akzeptieren, daß jeder Staats- oder Rechtsanwalt, Richter oder Schöffe das Recht hat, noch so laienhafte Fragen zu stellen: ob das eigentlich Wissenschaft sei, der Sachverständige möge dieses oder jenes beweisen, im übrigen wisse doch jeder, der Kinder hat, daß alles ganz anders sei und überhaupt. Denn wenn es nicht um Elektromotoren oder Dampfmaschinen, sondern um den Menschen geht, ist jedermann Experte. Kränkend ist ferner, daß der Richter immer das letzte Wort hat und die Zusammenhänge ganz anders interpretieren kann als der Sachverständige, sich auf einen eigenen Sachverstand oder auf die »Lebenserfahrung« berufen kann. Und sein letztes Wort ist nicht seine Ansicht und Meinung, sondern es ist die rechtskräftig festgestellte Wahrheit, die von nun an gilt und die später nicht mehr angezweifelt werden kann. Es ist verständlich, daß man sich nicht gerade danach drängelt, sich solchen Kränkungen auszusetzen.

Neben den theoretischen (die Identitätsfrage), den narzißtischen (die Kränkungen) Gründen hat diese Rollenverteilung auch banale ökonomische Aspekte: Der Psychiater mit akademischer Würde verdient sein (Bei-) Brot durch die Behandlung von Patienten. Wer weder Privatbetten noch eine psychotherapeutische Ausbildung hat, der lebt in den Niederungen und »übt« Gutachtertätigkeit aus.

So verwundert es nicht, wie es in den Niederungen des forensischen Alltags aussieht. Man mag die Schriften von Moser[3] und Pfäfflin[4] gar nicht mehr zitieren, weil sie vor längerer Zeit erschienen sind und man meinen sollte, sie seien antiquiert. Mitnichten, sie sind, wenn auch hoffentlich nicht zeitlos, so doch nach wie vor aktuell. Nach wie vor sieht der forensische Alltag so aus, daß aus einer Affinität zwischen forensischer Psychiatrie und Justiz ein Zusammenspiel, eine Verbrüderung, eine Kumpanei gegen das Subjekt des Täters resultiert, der auf der Strecke bleibt.

Dieses von Moser angeprangerte Komplott zeigt sich unter anderem darin, daß die Kriminalpsychiatrie sich mehr Sorgen um die Aufrechterhaltung der Rechtsordnung macht als selbst die Juristen, daß, wie Pfäfflin nachgewiesen hat, die gängigen diagnostischen Etikettierungen in psychiatrischen Gutachten häufig den Charakter von moralischen Abqualifizierungen haben. Wandel und Veränderungen, wenn sie denn vor sich gehen, zeichnen sich nur langsam ab. Der schlechte Ruf der Kriminalpsychiatrie besteht zu Recht, schlimmer noch, sie hat nie einen guten Ruf gehabt, der jemals hätte ruiniert werden können.

Diese Stagnation der forensischen Psychiatrie, die besonders zu den Wandlungen der klinischen Psychiatrie in den letzten fünfundzwanzig Jahren kontrastiert, hat viele Gründe. Der eine ist der, daß eine Ausbildung und Fortbildung in diesem Fach kaum und wenn, dann höchst unzureichend stattfindet. Statt dessen grassieren Autodidaktik und selbsternanntes Expertentum. Ausbildung und Fortbildung werden hier deshalb so wenig angeboten und auch wenig verlangt, weil der Druck von außen fehlt: Es gibt wohl kaum eine mit dem Anspruch auf Expertentum versehene akademische Tätigkeit, die in ihrer Stimmigkeit und Qualität so wenig kontrolliert wird, die sich so selten auf dem Prüfstand befindet wie die Gutachtertätigkeit. Wenn nicht gerade, was eher selten ist, ein lästiger Mitgutachter in der Verhandlung sitzt, redet der Psychiater vor Laien, die in der Regel die Qualität dessen, was ihnen vorgesetzt wird, nicht beurteilen können.

Ich kenne Gutachter, die eine skurrile und abstruse Privattheorie sexueller Perversionen entwickelt haben, die sie zur Grundlage ihrer Beurteilung machen und die die »Wissenschaftlichkeit« dieser Theorie mit dem Verweis auf einen eigenen Aufsatz in einer Provinzzeitschrift belegen. Solche und ähnliche Schildbürgereien wären nur komisch, ginge es bei dieser Tätigkeit nicht um Menschenschicksale. Tritt ein Gutachter nur selbstsicher genug auf und stimmt sein Ergebnis mit den Vorstellungen und Erwartungen des Gerichts überein, dann wird sein Gutachten akzeptiert, »das Gericht schließt sich den überzeugenden Ausführungen des Sachverständigen an«, wie es formelhaft in schriftlichen Urteilsbegründungen nachzulesen ist. Dies wiederholt sich einige Male, und flugs ist man zum »Hausgutachter« avanciert. Gutachtertätigkeit verdirbt, wie jedes unkontrollierte Ausleben von nicht in Frage gestellter Autorität, den Charakter.

Notwendigkeit und Sinn der Gutachtertätigkeit

Aus einem kann man sich nicht herausmogeln: Als Sachverständiger in einem Strafverfahren wird der Psychiater in einem Vorfeld der Verurteilung tätig. Weitere Konflikte resultieren daraus, daß in der forensischen Begutachtung die Diagnostik und die daraus folgenden therapeutischen Konsequenzen zunächst voneinander abgekoppelt sind. Dies wiegt schwer. Denn die ärztliche Diagnostik allgemein, die psychiatrisch-psychodynamische Diagnostik speziell erhalten ihren Sinn und ihre Legitimation erst aus den daraus erwachsenden therapeutischen Handlungsanweisungen. Eines von dem anderen abzukoppeln, ist in der klinischen Praxis undenkbar, im forensischen Alltag jedoch die Regel.

Die offiziellen Fragestellungen des Gerichts im Gutachtenauftrag beziehen nur ausnahmsweise sinnvolle Maßnahmen zum Beispiel pädagogischer oder therapeutischer Art mit ein, am ehesten noch in Jugendstrafverfahren. Dies sind Perspektiven, die in einem Gutachten dennoch immer zu erarbeiten sind, auch wenn die Möglichkeiten für die Realisierung sinnvoller Perspektiven oft sehr begrenzt sind. Sieht man von Bagatelldelikten ab, dann ist trotz intensiver Bemühungen in der Kriminologie nach wie vor die Freiheitsberaubung, der grobe Hammer der Haft, der »Königsweg« der Rechtsprechung.

So verständlich das Ausweichen vor der forensischen Tätigkeit deshalb auch ist, rechtfertigen läßt sich dies auch vor einer therapeutischen Identität nicht. Es ist die selbstverständliche Aufgabe des Psychiaters, dem Patienten dann, wenn er mit sozialen Institutionen in Konflikt gerät, beizustehen und zu vermitteln, beispielsweise bei Konflikten am Arbeitsplatz, in Berentungsfragen, Scheidungsangelegenheiten, Sorgerechtsfragen etc. Und das Straffälligwerden ist nichts anderes als eine solche soziale Kollision, bei der die Hilfe eines auch psychotherapeutisch orientierten Psychiaters zu reklamieren ist. Denn die zentrale und wichtigste Aufgabe und Funktion eines Gutachtens – weit wichtiger als die Frage nach irgendwelchen Paragraphen – besteht darin, einen möglichst umfassenden Verständniszusammenhang herzustellen und klarzumachen zwischen der Persönlichkeit, ihrer Biographie, dem inneren Kräftespiel von Ängsten, Konflikten, Abwehrmechanismen, Impulsen und der Straftat. Vor allem dem Sachverständigen obliegt es, den humanen Aspekten in dem formalen Ritual des Strafverfahrens zur Geltung zu verhelfen, die Dimension des Subjekts in das Blickfeld zu bringen.

Gelingt die Vermittlung eines solchen Verständniszusammenhanges, die Aufhellung eines meist komplexen motivationalen Hintergrunds, dann kann dies erhebliche Auswirkungen auf das richterliche Urteil haben und entscheidende Weichen stellen. Für den Straftäter, der sich nach seiner Verhaftung, vor einer Gerichtsverhandlung in der Regel in einer sehr belastenden und kritischen Situation befindet, kann die Arbeit der Begutachtung sehr viel bedeuten, wenn er merkt, jemand beschäftigt sich intensiv mit ihm, akzeptiert ihn, nimmt ihn ernst, bemüht sich um Verständnis und sieht in der Straftat nicht einen Ausdruck von Bosheit, sondern ein Resultat seiner Schwierigkeiten. Dies kann eine wichtige Erfahrung für ihn sein, kann ihn nach Art einer Krisenintervention aufrichten und stabilisieren.

Läßt man sich auf die forensische Gutachtertätigkeit ein, dann ist dies mit einer Reihe von Erfordernissen verbunden:

1. Es ist notwendig, wenn auch sehr schwierig, eine Position innerer *Unabhängigkeit* zu bewahren, sich nicht funktionalisieren zu lassen. Dies wird ständig und von allen Seiten versucht. Der Rechtsanwalt, meist unangemessen fixiert auf irgendwelche Paragraphen, die er »haben« will, versucht, den Sachverständigen zu benutzen, um für seinen Mandanten etwas herauszuschinden. Der Staatsanwalt hingegen erhofft sich vom Sachverständigen, daß er eben dies verhindert. Das Gericht funktionalisiert den Gutachter zur Revisionssicherung und hat im Einzelfall jeweils besondere Erwartungen an ein Gutachten. Es gibt unter den Gutachtern gewiefte Meister des Opportunismus, die die jeweiligen Erwartungen des Gerichts heraushören und sich danach ausrichten.

Man kann bei solchen Anpassungsartisten erleben, daß sie über denselben Angeklagten in einer Berufungsverhandlung plötzlich eine ganz andere Beurteilung abgeben, weil eine andere Erwartung des Gerichts besteht oder weil der Bundesgerichtshof bei der Begründung, mit der das erste Urteil aufgehoben worden ist, andere Erwartungen gesetzt hat. Sind die Erwartungen des Gerichts nicht eindeutig zu spüren, dann bietet der Künstler alternativ mehrere Beurteilungen an; das Gericht kann sich die ihm genehmste herauspflücken, das Gutachten wird wie ein Selbstbedienungs-Bauchladen vor sich hergetragen. So wird man zum »Hausgutachter«, zum

Hausfreund eines Gerichts. Ein solches Sich-funktionalisieren-lassen hat etwas von Bestechlichkeit an sich, weil eben auch ökonomische Interessen im Spiel sind.

2. Eine weitere Falle ist die Versuchung zu *unreflektierter Parteilichkeit*. Von der Identifikation und Überidentifkation des Gerichtspsychiaters mit der Justiz, den Strafrechtsnormen und der strafenden Gesellschaft ist bereits die Rede gewesen. Für den therapeutisch orientierten, einem psychodynamischen Verstehen verpflichteten Sachverständigen liegt die Versuchung zu einer Verbrüderung mit dem Angeklagten näher, wie folgendes Beispiel erläutert: Ein Mann von Mitte Vierzig exhibiert seit fünfundzwanzig Jahren mit beständiger Regelmäßigkeit und wird mit ebenso beständiger Regelmäßigkeit erwischt. Es ist etwa sein zwanzigstes Strafverfahren. Er hat die Sonderschule besucht, ist seit Jahren ohne Arbeit, ein Einzelgänger, der nie und nirgends ernst genommen wird. Er ist verheiratet, hat in der Familie nichts zu melden; von überall wird er geduckt, gedemütigt und führt ein Leben voller Kränkungen und Zurückweisungen. Es liegt auf der Hand, daß das Exhibieren für ihn Zuflucht, Trost und Rettung ist, er erfährt in solchen Momenten Beachtung, erlebt Potenz, ein Gefühl von Mächtigkeit, wenn Frauen erschrecken. Jedesmal inszeniert er die Illusion von Triumph, Macht, Größe und »Männlichkeit«.

Als ich ihn im Prozeß auf der Sünderbank sah, gesenkten Hauptes, reumütig, schuldbeladen, treuherzig, wurde mir klar, daß nicht nur die Symptombildung des Exhibierens, sondern auch die sich ständig wiederholenden Gerichtsverhandlungen Teil einer grandiosen Inszenierung sind: Dieser Mann schart mindestens einmal im Jahr einen Kreis hochdotierter, wohl angesehener, mehr oder minder intelligenter Menschen um sich – drei Richter, zwei Laienrichter, einen Staatsanwalt, einen Rechtsanwalt, einen Sachverständigen, Kriminalbeamte, Zeugen etc. Da inzwischen alle begriffen haben, daß Einsperren sinnlos ist, zerbrechen sie sich die Köpfe für ihn, grübeln, was wohl zu tun sei und machen mehr oder minder kluge Vorschläge. Diese Inszenierung muß die gebrechliche Pflanze seines Selbstwertgefühls mindestens so gut düngen wie das Exhibieren. Ich meinte – vielleicht war es auch nur Projektion –, einen Moment lang den Schalk in seinen Augen blitzen zu sehen und fand es erheiternd, daß nicht nur das Exhibieren, sondern auch die Gerichtsverhandlung und das Gutachten Bestandteile eines perversen Rituals sind.

3. Ein weiteres Erfordernis ist das *Vermeiden des Fachjargons* im Gutachten, die Übersetzung der Terminologie ins allgemein Verständliche. Eine solche Übersetzungsarbeit zu leisten, Vereinfachungen in der Komplexität anzubringen, ohne das Ganze zu verfälschen, ist eine reizvolle Herausforderung bei der Gutachtertätigkeit.

4. Das Strafverfahren mit den verschiedenen zugewiesenen Rollen ist ein ritualisiertes Kampfgeschehen, bei dem es folglich Gewinner und Verlierer gibt. Für den Sachverständigen bedeutet dies, er muß nicht nur recht haben, er muß auch recht behalten, er muß also *Überzeugungsarbeit* leisten. Fähigkeiten zu einer didaktisch gut aufbereiteten, rhetorisch gelungenen Darstellung sind dabei hilfreich.

5. Der forensische Gutachter ist in einen *juristischen Kontext* hineingestellt, den er kennen und auf den er sich einstellen muß, will er sich verständlich machen und Überzeugungsarbeit leisten: eine bestimmte Art zu denken, eine eigene Sichtweise und Sprache, besondere Be-

deutungskonventionen. Man muß sich mit der Art juristischen Bewertens, mit dem der Rechtsprechung inhärenten Menschenbild auseinandersetzen; man muß Begriffe wie Schuldfähigkeit, Steuerungsfähigkeit erst einmal hinnehmen und deren Bedeutungskontext kennen – nicht um all dies zu übernehmen, sondern um zu überlegen, ob und wenn welche Begriffe der Psychiatrie diesen juristischen Begriffen entsprechen können.

Und es ist ja nicht so, daß es überhaupt keine Entsprechungen gäbe. Schuldgefühle, Schuldzuweisungen, Strafimpulse, Bestrafungswünsche, Kontrolle von Triebwünschen, Steuerung von Impulsen, Verantwortlichkeit für ... etc. – all dies sind in der Psychotherapie geläufige und zentrale Begriffe, die zwar Innerpsychisches meinen, aber keine monadischen Vereinzelungen oder systemisch innerfamiliäre Geheimnisse sind, sondern die auch in einem sozialen Kontext angesiedelt sind und Fühler, Verankerungen in der sozialen Realität haben.

6. Eine forensische Begutachtung ist im Vergleich zu den gängigen psychodiagnostischen Verfahren wie dem Erstinterview beim Psychotherapeuten oder dem psychiatrischen Explorationsgespräch in der Regel sehr viel zeitaufwendiger. Sie umfaßt eine gründliche Aufarbeitung einer Lebens- und Entwicklungsgeschichte. Dies setzt beim Probanden innerpsychisch etwas in Gang, bringt manches in Bewegung, ist mit Veränderungen verbunden, zumal für den Probanden eine solche Konfrontation mit sich selbst in der Regel erstmals im Rahmen einer Begutachtung erfolgt.

Insofern, aber auch nur insofern hat eine Begutachtung häufig auch eine in einem weiten Sinne verstandene therapeutische Dimension. Dies läßt sich mitunter gar nicht umgehen. Dennoch oder gerade deshalb ist bei länger dauernden Begutachtungen sorgsam darauf zu achten, daß die *Grenzen zwischen einer Begutachtung*, die ein diagnostischer Prozeß ist, *und einer Therapie* nicht verschwimmen und die Begutachtung nicht in ein »Antherapieren« abdriftet. Denn die mit einem therapeutischen Prozeß oft einhergehende passagere Labilisierung des inneren Gleichgewichts kann in dem diganostischen Prozeß nicht ausreichend aufgefangen werden. Die Begutachtung ist eines Tages beendet, die Diagnostik abgeschlossen, der Proband bleibt labilisiert, vielleicht depressiv und suizidal zurück und auf der Strecke. Eine Verwechslung von Begutachtung mit Therapie ist deshalb ein Kunstfehler.

7. Eine besonders heikle Situation entsteht immer dann, wenn das Gutachten in der Hauptverhandlung mündlich erstattet wird. Das Ungewöhnliche liegt darin, daß hier *die Ergebnisse der Diagnostik* erstens überhaupt *veröffentlicht* werden und zweitens diese Veröffentlichung *in Anwesenheit des Probanden* geschieht. Es ist sehr sorgfältig darauf zu achten, was man sagt, wie man es vorträgt und welcher Sprache man sich bedient. Der Proband muß das Gutachten mitanhören können, ohne verwundet oder gar zerstört zu werden. Es empfiehlt sich daher, bereits am Ende der Begutachtung mit dem Probanden in etwa zu besprechen, zu welchen Ansichten und Einschätzungen seiner Persönlichkeit man gekommen ist, um ihn auf das vorzubereiten, was später im Gerichtssaal öffentlich vorgetragen wird. Eine Vernachlässigung solcher Rücksichten hat ebenfalls den Rang eines Kunstfehlers, den zu begehen einen Gutachter aber nicht sonderlich zu schrecken braucht, weil er für ihn selbst folgenlos bleibt; denn, wie erwähnt, im Unterschied zu anderen ärztlichen Tätigkeiten bleibt der

forensische Gutachter weitgehend unkontrolliert. Gutachtertätigkeit ist Aufklärungsarbeit im Einzelfall – und zwar in einem zweifachen Sinn von Aufklärung: als wissenschaftlich rationale Versachlichung einerseits, als Aufdeckung von Verstehbarkeit andererseits. Diese Aufklärungsbemühungen stoßen auf Widerstände eines Systems von Strafe, Sühne, Vergeltung – ein System, das auch noch im Gewande der rationalen Systematik des Strafrechts seine Wurzeln im vorwissenschaftlich Archaischen hat. Bei Sexualdelikten werden der Widerstand gegen eine wissenschaftliche Versachlichung, das Sträuben, sich auf Verstehbarkeit einzulassen, bei der Justiz wie bei der Öffentlichkeit besonders deutlich. Dies geht gelegentlich so weit, daß sich der Gutachter Empörung und anonyme Bedrohungen einhandelt, als sei er wenn nicht Komplize, so doch heimlicher Claqueur einer solchen Untat. Aber dies ist kein Grund zur Resignation, kein Grund, den Sachverständigengriffel aus der Hand zu legen. Denn wie heißt es doch bei Camus: Wir müssen uns Sisyphos als einen glücklichen Menschen vorstellen.

Über dieses Buch

In diesem Buch wird ein »Kriminalfall« in seiner Chronologie von der Entdekkung der Straftat über die Zeit der Begutachtung bis zur Hauptverhandlung und dem Urteil geschildert. Mein Interesse konzentriert sich dabei nicht auf das Crimen und die Kriminologie, sondern auf die Arbeit der Begutachtung und die Dokumentation des in der Hauptverhandlung mündlich erstatteten Gutachtens. Ich habe die Begutachtung in Zusammenarbeit mit Dr. Herbert Maisch gemacht, der ein klinisch-psychologisches Gutachten erstellt hat, dessen Wiedergabe den Rahmen dieses Buches leider sprengen würde. Seine Arbeit ist aber von meiner nicht zu trennen, einmal weil wir die wichtige und mühsame Arbeit der Nachexplorationen während der Hauptverhandlung gemeinsam geleistet haben, zum anderen, weil wir über diesen »Fall« und darüber hinaus überhaupt oft miteinander diskutiert und dabei viel voneinander gelernt haben. Für diesen Beistand will ich hier sehr herzlich danken.

Das Erarbeiten und Erstellen von Gutachten ist mit vielen Frustrationen verbunden. In einigen solcher Gedanken steckt mehr Mühe, auch hin und wieder mehr an Gedankenarbeit als in mancher wissenschaftlichen Publikation. All diese Mühen und Anstrengungen sind mit dem mündlichen Gutachtenvortrag, also nach ein bis zwei Stunden verraucht. Trifft man dann auf Gerichte, die nur an dem letzten Satz eines Gutachtens (Paragraphen 20, 21 StGB ja oder nein oder vielleicht) interessiert sind, von all dem übrigen aber gar nichts hören wollen, weil dies die Verurteilungsroutine doch nur stören würde, dann ist der Zusammenprall mit der Vergeblichkeit hart und schmerzhaft, und die Frage nach dem ökonomischen Einsatz der eigenen Kräfte stellt sich dann nicht mehr, sie ist bereits beantwortet. Dies erleichtert meinen Entschluß, etwas von dieser Arbeit zu dokumentieren.

In der forensischen Psychiatrie gibt es keine Tradition der Schulung und Ausbildung. Es gibt keine Kultur einer Kasuistik wie beispielsweise in der Psychoanalyse oder anderen seriösen Psychotherapieschulen mit Lehrtherapien, Supervisionen, teilnehmend lernernder Beobachtung unter dem Einsatz von Einwegscheiben etc. Mag es noch Anleitungen zur schriftlichen Gutachtenabfassung in jeweils eigenem Klinikstil geben – wie mündliche Gutachten vor Gericht zu erstatten und vorzutragen sind, das wird nicht gelehrt, es ist ein Kunststück für sich. Man muß als junger Psychiater das Glück haben, Könnern dieses Metiers begegnet zu sein, um von ihnen einiges ablauschen zu können. Ansonsten findet ein Austausch nicht statt.

Einen solchen Austausch anzubieten, ist die Absicht dieses Buches, nachdem ich inzwischen seit fünfundzwanzig Jahren forensisch tätig bin, reichlich sogenannte Erfahrungen gesammelt, das heißt genügend Fehler gemacht, Wunden zugefügt bekommen, Narben davongetragen habe und immer wieder eines immer Besseren belehrt worden bin. Der Hauptteil des Buches ist, von einigen Umstellungen und Änderungen abgesehen, mit dem mündlich vorgetragenen Gutachten im wesentlichen identisch.

Diesen Kontext zu sehen, ist für das Verständnis wichtig. Es kommt in erster Linie auf die Verständlichkeit für Juristen und Schöffen an, nicht auf eine alle Facetten und Nuancen ausleuchtende psychodynamische Analyse. Ferner bedeutet eine mündliche Gutachtenerstattung, daß über einen Menschen und sein Innenleben öffentlich gesprochen wird und nicht nur er selbst, sondern möglicherweise Angehörige, Publikum, die Presse anwesend sind. Das, was man sagt und die Art, wie man es sagt, ist sorgsam abzuwägen.

Zum Zeitpunkt der Gutachtenerstattung ist nicht selten noch offen, von welchen Tatsachen auszugehen ist, welche Ereignisse zugrunde zu legen sind. Aussagen von vielen Zeugen, die möglicherweise unterschiedlich sind oder einander widersprechen, die Angaben des Angeklagten, die zu Zeugenaussagen, zu den Spuren am Tatort im Widerspruch stehen können, verschiedene Einlassungen, »Versionen« des Tathergangs seitens des Angeklagten etc. – all dies steht noch unverbunden nebeneinander.

Erst in der abschließenden Beweiswürdigung durch das Gericht in der Beratung vor der Urteilsverkündung wird dies bewertet, sortiert und ein einheitlicher Geschehensablauf definiert. Der Sachverständige, will er sich nicht dem Vorwurf der Kompetenzüberschreitung beziehungsweise der Befangenheit aussetzen, muß sich offen halten und davor hüten, der Beratung und Urteilsbildung des Gerichts vorzugreifen und hier Bewertungen vorzunehmen. Einer solchen vorsichtigen Zurückhaltung steht jedoch entgegen, daß es für den Sachverständigen aus seiner Wissenschaft heraus so etwas wie Evidenzen, Plausibilitäten, Wahrscheinlichkeiten gibt, zumindest was innere Vorgänge und Ereignisfrequenzen, die innere, die Psycho-Logik angeht, die er benennen und zu denen er sich auch bekennen muß. Eine solche Konstellation von offenen Fragen und Unsicherheiten kann die Gutachtenerstattung zu einem schwierigen Balanceakt machen.

Die Einbettung einer psychiatrisch-psychologischen Expertise in eine Gerichtsverhandlung erfordert schließlich noch folgende Rücksichten: In einem Strafverfahren ist das Delikt, das Verbrechen das zu behandelnde Thema; es geht primär und gemeinhin um die Untat, das Böse. Will das Gutachten indessen eine Psychopathologie darstellen, dann hat dies im Kontext des Strafverfahrens Ausnahmecharakter, bedeutet die Überführung des Geschehens auf eine andere Ebene und verlangt ein Umdenken. Dies bedarf einer behutsamen Vorbereitung und Erklärung, will man die Aufmerksamkeit des Gerichts auf sich ziehen und überzeugen und nicht den Widerstand wecken.

Aus all dem ergibt sich, daß es verfehlt wäre, an diese Wiedergabe eines Gutachtens die Maßstäbe von Falldarstellungen in psychotherapeutischen Fachzeitschriften anzulegen. Ein solcher Einblick in die Praxis des mündlichen Gutachtenvortrages ist keineswegs mit dem Anspruch verbunden, ein Lehrstück zu präsentieren; er will sich lediglich zur Diskussion stellen. Der Anspruch auf Lehrstücke wäre auch deshalb verfehlt, weil ein gewisses Maß an Autodidaktik mit diesem Fach immer verbunden sein wird – entlang der pädagogischen Einsicht von Vätern und Müttern, die weniger Resignation als Bescheidung darstellt, daß man die wirklich wichtigen Erfahrungen weder lehren noch weitergeben kann; sie müssen selbst erlebt und erlitten werden.

Die Fallgeschichte und das Strafverfahren sind weder

exorbitant noch exemplarisch. Sie eignen sich aber, um einige Schwierigkeiten, Hürden, Klippen, wie sie in der Begutachtungspraxis auftauchen, zu verdeutlichen. Dieser Prozeß, diese Hauptverhandlung waren von der guten Art, wie man sie nicht alle Tage erlebt: Das Gericht war besonnen, gelassen und überlegen im Umgang mit dem Angeklagten, behutsam mit den Zeugen, aufmerksam und aufgeschlossen für die Perspektive der Gutachten, von der auch viel in das Urteil und seine Begründung eingegangen ist. Auch die Rezeption des Prozesses, der Gutachten und des Urteils in der Presse zeichnete sich durch Differenziertheit und Sachlichkeit aus. Es war alles in allem eine für die Gutachter positive Erfahrung, ein kleines Stück Aufklärung und Verständnisarbeit geleistet zu haben. Es wurde hier gerade kein »kurzer Prozeß« gemacht.

2

Die Kriminalgeschichte

Die Straftaten

1. An einem Sonnabend vormittags

telefoniert ein junger Mann mit Susanne M., um sich mit ihr zum Tennis zu verabreden. Die Stimme der jungen Frau am Telefon klingt verängstigt, sie spricht leise, als sei jemand bei ihr, und fleht den Anrufer an, er möge sofort zu ihr kommen. Eine halbe Stunde später kommt er in ihrer Wohnung an, auf sein Klingeln wird nicht geöffnet, er hört aber Geräusche aus der Wohnung. Als er zur Telefonzelle gegenüber läuft, kommt ein Mann aus dem Haus und rennt fort. Der Mann geht in die Wohnung und findet dort Susanne M. blutüberströmt in ihrem Bett. Als Todesursache werden später ein massives Würgen, eine Durchtrennung des Halses und mehrere Stiche in die Brust und in den Oberbauch festgestellt.

Am Spätvormittag meldet sich ein anonymer Anrufer in der Wohnung der Getöteten, er tut erstaunt, daß ein Kriminalbeamter am Telefon ist und fragt, was geschehen sei. Auf die Aufforderung durch die Polizei hin erscheint Jörg K. kurz darauf in der Wohnung und sagt Folgendes aus: Den Vorabend habe er gemeinsam mit Susanne M. und mit anderen jungen Leuten verbracht, sie seien essen gegangen und hätten zusammen getrunken. Gegen drei Uhr nachts sei er mit Susanne M. und einem Bekannten in Susannes Wohnung gegangen, um noch ein Glas Wein zu trinken. Der andere Mann sei nach kurzer Zeit gegangen. Zwischen ihm und der Susanne sei es zu Zärtlichkeiten und dann zum Geschlechtsverkehr gekommen. Anschließend sei er nach Hause gefahren, habe kurz geschlafen und sei dann, einem spontanen Einfall folgend, gegen acht Uhr in ihre Wohnung gefahren und habe sie dort tot aufgefunden. Er habe sich über sie gebeugt; dabei müßten Blutspuren an seine Hände und Kleider gekommen sein. Er sei in Panik geraten, es habe geklingelt, er habe nicht geöffnet, sei dann nach Hause gelaufen und habe sich und seine Kleider gereinigt. Mit der Tötung habe er nichts zu tun. Vor seiner Festnahme macht er einen Versuch fortzulaufen. Er bleibt auch in der Folgezeit dabei, mit der Tötung nichts zu tun zu haben.

2. Nachdem die Tat und seine Verhaftung in der Presse bekanntgemacht worden sind, erstattet eine junge Frau, Karin B., Strafanzeige gegen Jörg K., sie sei zwei Wochen zuvor von ihm vergewaltigt worden. Nach ihren Angaben hat sich folgendes ereignet: Eines Nachmittags erhält sie einen anonymen Anruf, im nachhinein ist sie sicher, die Stimme Jörg K.s wiederzuerkennen. In der Nacht gegen drei Uhr klingelt es und sie läßt ihn, den sie flüchtig kennt, in die Wohnung. Sie führen eine belanglose Unterhaltung. Als sie ihn nach etwa zwei Stunden auffordert zu gehen, steht er wortlos auf, würgt sie und bedroht sie mit einem Messer.

Aus einem mitgebrachten Rucksack, in dem sich unter anderem Handschellen, Äther, eine Flasche mit Säure, ein Spaten, ein Slip und eine Strumpfhose befinden, nimmt er Klebeband, verschließt ihr damit den Mund und legt ihr Handschellen an. Auf ihre Versicherung hin, nicht zu schreien, befreit er sie wieder und zwingt sie zur Fellatio und zum Geschlechtsverkehr. Danach redet er auf sie ein, sie dürfe keine Anzeige erstatten, setzt sie unter Druck und veranlaßt sie, ihn mit ihrem Auto in die nächste Stadt zu fahren; dort hat er am Abend zuvor auf der Fahrt von seinem Wohnort zu ihr seinen auffällig lackierten Wagen abgestellt, um nicht gesehen zu werden. Unterwegs hält er einige Male an, droht ihr im Falle einer Anzeige, übt, wie sie es ausgedrückt hat, »Psychoterror« auf sie aus und bietet ihr dann unvermittelt als Wiedergutmachung Geschenke an. In diesen von ihr als massiv bedrohlich erlebten Situationen steht sie Todesangst aus.

3. Schließlich stößt die ermittelnde Kriminalpolizei auf ein noch schwebendes Verfahren gegen Jörg K. Vier Monate vor dem Tötungsdelikt hat seine ehemalige Freundin Maria R. Anzeige gegen ihn erstattet, er habe sie, nachdem sie sich von ihm getrennt hat, an drei Abenden vergewaltigt und von ihr in diesen für sie demütigenden Situationen Nacktfotos angefertigt, mit denen er erpresserisch Druck auf sie ausgeübt habe.

Zu den beiden Vergewaltigungsvorwürfen hat Jörg K. in seinen polizeilichen und richterlichen Vernehmungen keine Angaben gemacht beziehungsweise zu der Anzeige seiner Freundin nur pauschal angemerkt, es sei eine Falschbeschuldigung und ein Racheakt von ihr.

Die Zeit der Begutachtung

Nachdem sich Jörg K. eineinhalb Jahre in Untersuchungshaft befunden hat, wird er in das Untersuchungsgefängnis nach Hamburg gebracht. Während eines Zeitraums von zweieinhalb Monaten habe ich an achtzehn Tagen in der Klinik mit ihm gesprochen; die Sitzungen dauerten durchschnittlich zweieinhalb Stunden, so daß die Untersuchung etwa fünfundvierzig Stunden umfaßt. Sodann habe ich mit Dr. Maisch zusammen ein dreistündiges Gespräch mit den Eltern geführt.

Jörg K. ist ein hochgewachsener Mann, der mit seiner sorgfältigen, korrekten und gepflegten Kleidung in der Umgebung des Untersuchungsgefängnisses auffällt. In den ersten Kontakten ist er überaus höflich, förmlich und wirkt steif. Er tritt sehr selbstsicher auf, spricht mit etwas zu lauter Stimme, zeigt meistens ein cool und überlegen wirkendes Lächeln. Es mag an seinem leichten Exophtalmus liegen, daß sein Blick starr und abweisend wirkt. Das ansonsten pastöse, glatte Gesicht trägt deutlich sichtbare Narben einer Akne. Er ist fünfundzwanzig Jahre alt, sein Alter ist aber vom Aspekt her schwer einzuschätzen. Das ungeprägte Gesicht wirkt jünger, die steife Konventionalität seines Auftretens, sein schon schütteres Haar lassen ihn älter, eigentlich alterslos erscheinen.

Die ersten Kontakte sind für ihn mehr ein belauerndes Abtasten und Beobachten, weniger ein Gespräch. Immer kommt er mit einer großen Tasche voller Aufzeichnungen und Unterlagen; er wirkt wie mit seinen Akten »bewaffnet«. Er versucht zunächst, die Situation umzukehren: Er stellt die Fragen, will mich testen, ich fühle mich auf dem Prüfstand. Ein Gespräch kommt nur sehr mühsam und stockend in Gang. Nach jeder Frage gibt es längere Pausen, in denen er nachprüft, ob in der Frage eine Falle enthalten sein könne. Wenn ich mir Notizen mache, wartet er ab; manchmal ist es, als ob er mir in die Feder diktieren will. Häufig fragt er zurück, um sich zu vergewissern, daß er nicht mißverstanden worden ist. An manchen Stellen macht er sich selbst Notizen. Schon zu Beginn fällt der Kontrast zwischen seinem dezidierten, selbstsicheren Auftreten und einem latenten Stottern auf, das sich besonders bei ihn affektiv tangierenden Themen akzentuiert. Sehr schnell wird klar, daß sein zwanghaftes Kontrollieren und seine rigide Kontrolliertheit für ihn eine Schutz- und Sicherungsfunktion haben, er ist voller Angst und Unsicherheit. Dies zu sehen erleichtert es, seine abwertende Überheblichkeit zu ertragen. Aber an der Mauer seines Mißtrauens scheitert zunächst ein emotionaler Zugang zu ihm.

Nach den ersten Kontakten wird die Atmosphäre etwas entspannter. Er faßt mehr Zutrauen, ich habe die Prüfung offenbar bestanden. Ein untergründiges Mißtrauen bleibt aber meistens spürbar und ist zumindest teilweise durch den Rahmen der Begutachtungssituation bedingt.

Als er sich dann darauf einläßt, über seine Biographie, insbesondere über seine Kindheit und sein Elternhaus zu reden, lockert er auf. Dabei fällt eine ausgeprägte Tendenz auf, von sich, seinem Elternhaus, von der Welt, in der er gelebt hat, ein ideales Bild zu zeichnen. Er neigt dazu, sich selbst zu stilisieren nach Art eines idealisierten grandiosen Selbstkonzeptes. Das spätere Gespräch mit den Eltern hat rückblickend deutlich gemacht, wie sehr dieses Selbstkonzept die Kopie des idealisierten Vaters ist, den er bis in die Gestik, die Mimik, in Redewendungen imitiert. Der Vater als ein Wesen ohne Schatten, ohne Schwäche und Makel ist jederzeit im Raum, wenn er über sich spricht.

So zeichnet er auch von sich ein Bild, das eigentlich keine Schwächen, keine Unzulänglichkeiten erkennen lassen möchte. Schwierigkeiten und Konflikte in seinem Leben sind in seinen Darstellungen überwiegend dadurch bedingt, daß die anderen seinen hohen Idealen, Maßstäben und Erwartungen nicht gewachsen sind. Das einzige Mal, bei dem er so etwas wie eine eigene Problematik artikuliert, ist, als er von seinen Kontrollzwängen spricht, die er nicht immer im Griff hat, wenn er mehrmals in seine Wohnung zurückgeht, um sich zu vergewissern, daß die Herdplatte ausgeschaltet, daß die Tür abgeschlossen ist. Ansonsten beharrt er auf der Schilderung seiner eigenen Besonderheit. Von inneren Nöten, Konflikten, Ängsten, Unsicherheiten, Selbstzweifeln klingt in seinen Schilderungen in direkter Form kaum etwas an.

Dies gilt auch für die psychosexuelle Entwicklung. Er will über diese Thematik zunächst nicht sprechen, weil er die Besonderheiten seiner jeweiligen Liebesbeziehungen durch solche Gespräche nicht profanieren möchte. Auch hier spricht er in keiner Weise von Ängsten, Konflikten, Nöten, Unebenheiten, im Gegenteil schildert er alles als glatt, durch und durch harmonisch, was zumindest *seine* Wünsche, Phantasien, Bestrebungen betrifft. Alles ist friedlich und idyllisch. Die Frauen und die Liebe werden in besonderer Weise idealisiert.

In seinen Angaben ist er überaus detailreich und ausführlich. Bei seinem zwanghaften Perfektionismus kann es geschehen, daß er sich im Labyrinth der Einzelheiten verliert und verheddert. Jede Sitzung beginnt damit, daß er Aufzeichnungen herausholt und Korrekturen, minutiöse Ergänzungen des Themas der letzten Sitzung anbringt. Dies ist nicht abzukürzen; es macht mich ungeduldig, und ich empfinde sein Insistieren auf den Nebensächlichkeiten als einen aggressiven Akt. Er beansprucht immer eine sehr intensive und ausschließliche Zuwendung und Aufmerksamkeit. Wenn es Unterbrechungen gibt, zum Beispiel durch Telefonate oder eine Anfrage, dann merkt man ihm an, daß ihm dies nicht recht ist, er wird dann untergründig ungehalten und manchmal gereizt. Wenn er einmal dabei ist zu reden, ist er nur schwer zu unterbrechen. Manchmal reagiert er vorwurfsvoll, wenn ich das Gespräch nach zweieinhalb Stunden beende, weil ich etwas anderes zu tun habe und weil mich, im Gegensatz zu ihm, die Gespräche sehr anstrengen.

Er unterläßt es nie, in der nächsten Sitzung auf den Abbruch der letzten vorwurfsvoll hinzuweisen. Wenn er das Gefühl hat, genügend Zuwendung zu erhalten, dann kann er auflockern, vorübergehend auch gelöst und heiter sein. Es ist ihm sehr wichtig, von mir gemocht und akzeptiert zu werden, am liebsten möchte er mir Bewunderung abnötigen. Er idealisiert mich, hofiert mich, indem er wiederholt seine »Dankbarkeit« dafür bekundet, an den «kompetentesten Fachmann« geraten zu sein. Diese Überhöhung meiner Person und Funktion dient ihm zugleich zur Unterstreichung seiner eigenen herausgehobenen Bedeutung und Besonderheit. Einige Male begrüßt er mich strahlend und sagt, er freue sich, mich zu sehen und freue sich auf das Gespräch. Dies wirkt auf mich nicht wie ein zurechtgelegtes Kompliment, sondern spontan und echt. In solchen gelösten Augenblicken hat er etwas sehr Kindliches und Bedürftiges.

Die meiste Zeit hat er seine Affekte und Gefühle unter Kontrolle. Hin und wieder brechen aber sehr unvermittelt depressive Affekte durch, er kann dann von Weinen geschüttelt sein, wirkt hilflos, verzweifelt, wie verloren. Einmal dekompensiert er, als er vom Einschläfern seines Hundes spricht, als er neun Jahre alt ist, dann, als er erzählt, wie sein Vater ihn, als er sechs Jahre alt ist, gegen ärztlichen Rat nach einer Mandeloperation aus dem Krankenhaus nach Hause holt.

Mit der Zeit haben sich die Schwierigkeiten, die ich vor allem anfänglich mit ihm gehabt habe, gemildert. Seinen detailbesessenen Perfektionismus kann ich zunehmend besser aushalten. Wenn die depressiven oder kindlichen Züge durchschimmern, tut er mir leid. Seine arrogante Überheblichkeit und seine elitäre Ansprüchlichkeit erscheinen als eine notdürftige Schutzhülle.

Gegen Ende der Begutachtung wird es unvermeidlich, die Anklagevorwürfe mit ihm zum Thema zu machen; er muß seine Ablenkungsmanöver und Vermeidungsumwege aufgeben. Dies verändert die Interaktion abrupt, er schnurrt zumindest zeitweise in sein anfängliches Mißtrauen zurück. Da er Unsicherheit signalisiert, wie er sich verhalten soll, gebe ich ihm mehrfach Gelegenheit, mit seinem Verteidiger zu telefonieren. In seinen Angaben ist er von äußerster Vorsicht und Wachsamkeit. Er ist schließlich bereit, über den zweiten Anklagepunkt, die Vergewaltigung der Karin B., Angaben zu machen. Dabei beschränkt er sich aber darauf, den äußeren Ablauf zu schildern, der mit den Angaben der Karin B. in den wesentlichen Punkten übereinstimmt. Er spricht nicht über das, was in ihm vorgegangen ist, nicht über die subjektiven Hintergründe, die für mich natürlich viel wichtiger gewesen wären als der faktische Tatablauf. Er spricht statt dessen von einem »Schub«, der ihn plötzlich überkommen habe. Verstehen könne er dies überhaupt nicht.

Über den Vorwurf des Tötungsdelikts ist mit ihm in diesem Stadium überhaupt nicht zu reden. Er ist darin von äußerster Konsequenz und beantwortet nicht einmal die Frage, ob er die Tat bestreitet oder nicht. Ich habe bereits damals das Gefühl gehabt, daß das völlige Ausblenden dieser Thematik, also auch der Verzicht auf ein Bestreiten, den Stellenwert eines »stummen Geständnisses« gehabt hat. Sehr deutlich ist dies in folgender Szene zum Ausdruck gekommen: Zu einem früheren Zeitpunkt, als er einmal sehr aufgeräumt und guter Dinge ist, fragt er mich lachend und ganz unvermittelt: »Halten Sie mich eigentlich auch für einen Sexualverbrecher, für den größten Triebtäter nach Jürgen Bartsch, wie der Staatsanwalt?« Als ich ihm erwidere, Verbrecher und Triebtäter seien für mich fremde Begriffe, ich würde nur Menschen kennen, die aus inneren Schwierigkeiten und Bedrängnissen heraus manchmal etwas Schreckliches tun können, verstummt er über eine längere Zeit, kämpft mit den Tränen und wirkt wie ertappt.

Der Abschluß der Begutachtung ist ein für ihn schwieriger Schritt. Er möchte kein Ende finden, kommt immer wieder mit Ergänzungen, offensichtlich hat er Schwierigkeiten sich zu trennen, besinnt sich dann aber abrupt, reißt sich gleichsam zusammen, verschließt sich wieder und findet zu seiner kühlen, konventionellen Höflichkeit zurück. Von dem Angebot, mit mir in Verbindung bleiben zu können – ein Angebot, das er in der vorletzten

Sitzung dankbar aufgegriffen hat –, macht er bis zur Hauptverhandlung ein Jahr später keinen Gebrauch.

Die Hauptverhandlung

Ich habe in der Zwischenzeit ein schriftliches Gutachten eingereicht, und ich bin davon ausgegangen, daß er über seinen Verteidiger das Gutachten in den Händen gehabt und gelesen hat. Ich habe mir Gedanken gemacht, wie er es wohl aufgenommen haben mag, ob er es als Kränkung erlebt hat, sich als Person problematisiert zu sehen und ob sein langes Schweigen damit zusammenhängen könnte. Diese Bedenken sind unberechtigt gewesen, wie sich schnell herausgestellt hat. In den schriftlichen Formulierungen habe ich mich auch sehr zurückhaltend geäußert, weil die Begutachtung von Menschen, die eine Tat bestreiten, immer ein sehr prekäres Unterfangen ist; denn der Nachweis einer Tat gehört ausdrücklich nicht zu den Aufgaben des Sachverständigen, aus diesen Fragen hat er sich vollständig herauszuhalten. Dies ist oft gar nicht einfach. Eine pointiert herausgearbeitete Persönlichkeitsstörung kann zum Beispiel sehr schnell vom Gericht als Hinweis interpretiert werden, daß dieser Mensch die Tat begangen haben kann. Eine Diagnose verwandelt sich unversehens zu einem Indiz. Die Gefahr, in die Rolle eines Überführungsgehilfen zu geraten, ist groß.

Der Staatsanwalt ist hinsichtlich des Tötungsdeliktes in der Anklageschrift davon ausgegangen, daß Jörg K. die Susanne M. zuerst vergewaltigt und dann, um zu verhindern, daß sie ihn anzeigt, »grausam und um eine andere Straftat zu verdecken«, getötet hat. Die Anklage lautet auf Mord nach Paragraph 211 des Strafgesetzbuches.

Die Hauptverhandlung dauert über einen Zeitraum von drei Monaten mit achtzehn Verhandlungstagen bis zur Urteilsverkündung. Das Interesse der Öffentlichkeit ist rege, der Zuhörerraum ist während des Verhandlungszeitraumes meistens besetzt. In der Hauptverhandlung sind die Eltern der Getöteten als Nebenkläger im Raum; auch die beiden Frauen, die ihn wegen Vergewaltigung angezeigt haben, sind als Nebenklägerinnen mit Rechtsanwälten vertreten.

Für uns als die Gutachter ist es nicht überraschend, wie Jörg K. mit dieser sehr belastenden Situation umgeht. Adrett und korrekt gekleidet ist er wieder bewaffnet mit Stapeln von Akten, die er um sich herum aufbaut. Sein Gesichtausdruck ist starr, er verzieht kaum eine Miene, wenn dann höchstens einmal zu einem Lächeln. Er spricht sehr viel mit seinem Verteidiger. Zu Beginn des Prozesses nach dem Verlesen der Anklageschrift wird er vom Gericht zu seiner Person und zu seinem Lebensweg befragt. Er äußert sich knapp und in sehr reduzierter Form, wirkt sehr sachlich, unterkühlt, für das Gericht und für Außenstehende erweckt er den Eindruck von Unberührbarkeit. Zu den Anklagepunkten macht er keinerlei Angaben.

In den folgenden Prozeßtagen wird eine Vielzahl von Zeugen vernommen, die ihm mehr oder minder nahe gestanden haben und die ein Bild von ihm zeichnen, das ihn als einen wenig beliebten Sonderling darstellt, der als intolerant, pedantisch, arrogant, großspurig, erzkonservativ und rigide gilt, in sozialen Situationen steif, verschlossen, manchmal glatt und unbeholfen und letztlich auffallend kontaktarm, aber auch sehr hilfsbereit und zu unerwartet großzügigen und fast unangemessenen Gefälligkeiten bereit.

Zu keinem der Zeugen nimmt er Blickkontakt auf. Er sitzt umringt von seinen Akten, ein ganzes Set verschiedenfarbiger Stifte vor sich und schreibt und schreibt. Besonders dann, wenn die Aussagen seine Person betreffen, schreibt er besonders intensiv und wirkt in das Mitschreiben wie versunken. Offensichtlich hat dieses permanente Schreiben eine Schutzfunktion in dem Sinne, daß er sich als Person und Adressat gewissermaßen herausziehen will in die Rolle eines Beobachters und Protokollführers. Was jeweils in ihm vorgeht, ist von außen schwer auszumachen.

Eine wichtige Zäsur ist der Zeitpunkt, als seine Eltern und seine Schwester am Ende der Beweisaufnahme als Zeugen aussagen. Ihre Vernehmung füllt einen ganzen Verhandlungstag. Jörg K. verharrt nach wie vor in seiner starren Haltung, ist aber innerlich bewegt, zeitweise treten Tränen in seine Augen, er hat sich aber unter Kontrolle. Über die schriftlichen Gutachten war das Gericht hinsichtlich einer hochauffälligen Familienkonstellation vorinformiert. Die Art und Weise und die Intensität, wie diese Familienpathologie durch die Aussagen der Eltern in den Gerichtssaal getragen, geradezu demonstriert, in Szene gesetzt und sinnlich wahrnehmbar wird, hat mich überrascht. Das Gericht ist tief beeindruckt. Die Vorbereitung für die gutachterliche Interpretation hätte nicht besser sein können.

Nicht selten stellen die Aussagen von Angehörigen als Zeugen in einem Strafverfahren für die Gutachter ein erhebliches Risiko dar: Die Eltern, pünktlich erschienen, ordentlich gekleidet, darauf bedacht, einen guten Eindruck zu machen, bleiben in ihren Aussagen sehr allgemein und nichtssagend, sie schildern, wie sie sich in der Erziehung Mühe gegeben haben – und nun dies. Die Richter, selbst Eltern, solidarisieren sich mit ihnen. Wenn der Gutachter eine komplizierte, konfliktträchtige und problematische Konstellation in der Familie mit Auswirkungen auf die Entwicklung des Kindes herausgearbeitet hat, dann kann eine solche Aussage der Eltern ihm das Leben schwer machen, weil sich das Gericht mit eigenem Sachverstand und in eigener Anschauung gerade vom Gegenteil überzeugt hat. Aber in dieser Verhandlung läuft dies, wie vieles andere, anders und besser.

Die Aussage der Eltern hat eine entscheidende Wende in diesem Prozeß eingeleitet. Überraschend für alle gibt Jörg K. über seinen Verteidiger am nächsten Verhandlungstag eine Erklärung ab, er bitte um die Gelegenheit, mit den beiden Sachverständigen, Herrn Maisch und mir, reden zu können. Während der Untersuchungszeit in Hamburg, als es klar war, daß er über die Anklagepunkte keinerlei Angaben zu machen bereit war, habe ich ihm gesagt, es ergäbe sich möglicherweise während der Hauptverhandlung noch eine Gelegenheit, mit mir zu sprechen. Nach dem Verlauf der Hauptverhandlung, in der er immer starrer wurde und versteinerte, habe ich damit aber nicht mehr gerechnet. Auf die Nachfrage des Gerichts, worüber er sprechen wolle, gibt er keine Auskunft; es liegt aber die Annahme nahe, daß er ein Geständnis ablegen will. Das Gericht berät sich und unterbricht die Hauptverhandlung für drei Tage.

Herr Maisch und ich haben in den folgenden drei Tagen im Untersuchungsgefängnis mit ihm gesprochen. Das erste, was er sagt, ist, er habe volles Vertrauen und begründet dies folgendermaßen: Während der Untersuchung in Hamburg hat er um meine Zusage gebeten, ein ihn beschämendes und einen anderen Menschen belastendes Ereignis in seinem Leben in dem Gutachten nicht zu erwähnen, es statt dessen unter meine ärztliche Schweigepflicht zu nehmen. Da es eine Episode war, die weder mit den Taten in irgendeinem Zusammenhang stand noch für die Charakterisierung seiner Persönlichkeit von essentieller Bedeutung war, habe ich ihm diese Zusicherung gegeben. Daß ich sie eingehalten habe, nimmt er als Beweis meiner Verläßlichkeit. Das zweite, was er sagt, ist, er habe den Druck der Verhandlung nicht mehr ertragen können, er müsse nun reden, sei aber nicht in der Lage, vor dem Gericht darüber zu sprechen, weil er dort sicherlich nicht verstanden werde; er sei auch nicht bereit, sich den Fragen des Gerichts zu stellen.

Als wir mit den Gesprächen beginnen wollen, zeigt er ganz ähnliche Anlaufschwierigkeiten wie zu Beginn der Untersuchung in Hamburg. Er redet über Nebensächlichkeiten, verliert sich in endlosen Details, beschreitet Ab- und Umwege, und wir wissen nicht, worauf es hinausläuft. Wir werden langsam ungeduldig, weil die Zeit jetzt im Gegensatz zu damals begrenzt ist. Ich bin nahe daran zu resignieren und glaube nicht mehr daran, daß inhaltlich noch etwas von Bedeutung von ihm vorgebracht wird. Doch dann kommt er in Gang.

Es ist eindrucksvoll, wie sehr er sich quält, die inneren Sperren zu überwinden und etwas von sich preiszugeben. Zeitweise entsteht der Eindruck, sehr dicht an seine wirkliche Problematik heranzukommen, wenn er stokkend von seinen Phantasien und von inneren Bedrängnissen spricht. Es ist nicht zu erwarten, daß er nun plötzlich in der Lage ist, seine Skepsis, seine Reserven, seine Tendenz zu geschönter Selbstwahrnehmung und -darstellung aufzugeben. Wenn er über innere Vorgänge spricht, dann sind es mehr Andeutungen, Kürzel, er wählt die Form von Verweisen, von verschlüsselten Mitteilungen. Dabei blickt er zugleich flehentlich, man möge ihn verstehen und nicht zurückfragen. Wir können uns ein Bild zusammensetzen, das er selbst aber nicht zu Ende zeichnet.

Es ist für uns wie die Arbeit eines Restaurateurs an einem nicht gut erhaltenen Bild: Man muß vieles zusammensetzen, manche Leerstellen ergänzen. Immer wieder artikuliert er massive Ängste davor, mißverstanden und mit falschen Etiketten versehen zu werden – nicht so sehr durch uns, die Sachverständigen, als vielmehr durch andere, Gericht, Öffentlichkeit, Presse, die, wie er meint, seine Probleme nicht verstehen können.

Die Gespräche münden schließlich in das Geständnis des Tötungsdeliktes ein – für ihn eine Geständnisschwerstarbeit: Seine stockende Schilderung ist immer wieder durch langes Weinen unterbrochen, er ist aufgelöst, sein Zustand besorgt uns, weil wir suizidale Impulse befürchten. Wir verwenden den ganzen nächsten Tag darauf, ihn aufzurichten. Es ist eindrucksvoll gewesen zu sehen, wie schnell er sich fängt, auf die gewohnten Strategien wie Distanzierung, Ironisierung zurückgreift, wie schnell der alte idealisierte und stilisierte Selbstentwurf wieder zum Tragen kommt, der ohne rechte Lebendigkeit ist, ein eher flächiges Bild ohne Risse und Reliefs. Dies unterstreicht nochmals sehr deutlich, in welch starkem Maße dieses Selbstkonzept für ihn eine Schutzfunktion hat – nicht nur Schutz davor, daß andere an ihm Schwächen, Unzulänglichkeiten, dunkle und negative Seiten entdecken könnten, sondern zugleich auch Schutz davor, daß er sich mit sich selbst konfrontieren muß. Er lebt so gewissermaßen im Angesicht seiner eigenen Fassade.

Eine solche Wende wie in diesem Prozeß mit einem sehr späten Geständnis einerseits, einem sehr späten Ansprechen einer der Tat zugrundeliegenden Problematik andererseits bringt den Sachverständigen in eine höchst problematische Position, besonders dann, wenn das Geständnis vor Gericht nicht wiederholt wird. Mein tiefes Unbehagen habe ich auch zu Beginn meines mündlichen Gutachtenvortrages deutlich artikuliert. Wenn Menschen begutachtet werden, die sehr verschlossen sind, für die es eine sehr hohe Hürde ist, über sich zu sprechen, dann muß es eine basale Voraussetzung sein, sich sehr viel Zeit zu nehmen. So kann es geschehen, daß sich Gespräche zur Vorbereitung einer Begutachtung über Monate erstrecken. Wenn man sich die Zeit nimmt, dann erfährt man, welch mühsamer Weg und Prozeß es ist, eine innere Problematik allmählich zu entwickeln und aufzubereiten.

Bei den Gesprächen mit Jörg K. ist erst ein Fundament gelegt worden, auf dem eine präzisere Herausarbeitung und Entwicklung der inneren Problematik möglich erscheint. Hierzu ist aber nicht genügend Zeit zur Verfügung gewesen, und die Zeit, die dafür notwendig ist, läßt sich nicht in Stunden, in einem Tag mehr oder weniger bemessen. Ist wie hier die Zeit von vornherein begrenzt, dann besteht die Gefahr, daß man einen Probanden unter Druck setzt, indem man den Zeitdruck weitergibt. Es besteht auch die Gefahr, daß sich ein Proband durch den Zeitdruck zu Aussagen bewegen läßt, die er nach reiflicher Überlegung vielleicht nicht gemacht hätte und die er hinterher bereut. Mein Unbehagen resultiert daraus, daß hier der Prozeß der Herausarbeitung der Problematik abgebrochen erscheint. Ich habe die naheliegende Möglichkeit erwogen und auch mit Jörg K. angesprochen, die Hauptverhandlung aussetzen zu lassen. Damit war Jörg K. aber in keiner Weise einverstanden.

Es gibt noch einen weiteren Grund für unser Unbehagen. Da Jörg K. das Geständnis nur den Sachverständigen gegenüber abgelegt hat, gab es für das Gericht keine Möglichkeit, Fragen zu stellen. Es wollte aber verschiedene Einzelheiten wissen, zum Beispiel Unwahrscheinlichkeiten oder Widersprüche zwischen den Spuren am Tatort und seinen Angaben aufklären. Es geht dabei um kriminalistische Details, die für die Perspektive des Sachverständigen nicht wesentlich sind. Es waren Fragen im Raum nach »dem« Motiv der Tat – ein juristisches und kriminologisches Konstrukt, für das es in den Psychowissenschaften keine Entsprechung gibt. Wir haben deshalb das Ansinnen der Prozeßbeteiligten, Fragen an den Angeklagten über uns zu stellen, zurückgewiesen und mußten dies zurückweisen, um zu vermeiden, in die Rolle von Ermittlungspersonen zu verfallen und die Sachverständigenposition zu verlassen. Dennoch ist es de facto so, daß wir als die einzigen das Geständnis entgegengenommen, es dem Gericht zur Kenntnis gebracht haben und somit in die Ermittlung einbezogen gewesen sind.

3

Das Gutachten

Jörg K. stammt aus einer Familie, in der die Ideale des Bürgertums sehr hoch gehalten werden. Das Gespräch mit den Eltern in Hamburg ebenso wie die Aussage der Eltern in der Hauptverhandlung führen sehr eindrucksvoll die Welt und Atmosphäre vor Augen, in der Jörg K. aufgewachsen ist und in der er noch lebt und der er verhaftet ist.

Der Vater ist ein lebhafter, agiler, wortreicher Mann, der sich bei dem Gespräch in Hamburg sehr viel mehr entfaltet hat als in der lastenden Atmosphäre der öffentlichen Hauptverhandlung. Er ist ein Mann, der es im Leben schwer gehabt hat, der, wie die Ehefrau andeutet, im Schatten seines Bruders gestanden hat, der sich mühsam hat hocharbeiten und der manche Niederlagen und Rückschläge hat einstecken müssen. Der Vater hat sich letztlich behauptet und durchgesetzt und zum Finanzbeamten in gehobener Position hochgearbeitet. Er setzt in der Familie die Maßstäbe, hält feste Prinzipien und Ideale hoch.

Er bezeichnet sich selbst als »alten Preußen«, für den Leistung, Disziplin, Ordnung, Sauberkeit, Pünktlichkeit hohe Werte sind, die er von sich und anderen fordert. »Wir wollen immer alles perfekt haben, sind Preußen und gehen sauber durch das Leben.« Der Vater redet sehr viel, erregt sich leicht, ist impulsiv, kann schlecht zuhören und läßt andere nicht zu Wort kommen. Er spricht selbst von seiner Tendenz, bei Meinungsverschiedenheiten andere »totzureden«. Wenn sich der Vater erregt, spricht er überhastet und beginnt zu stottern. In der Hauptverhandlung während seiner Zeugenaussage behindert ihn dies sehr stark.

Die Mutter wirkt sehr viel stiller, ist unscheinbarer und bescheidener. In Gegenwart des Vaters kommt sie kaum zu Wort. Sie stellt sich ganz in den Schatten des Vaters und betont, wie sehr sie ihn bewundert. »Ich habe mich immer bemüht, so zu sein, wie er mich haben wollte«, hat sie einmal gesagt. Auch die Kinder, besonders der Sohn, »lieben den Vater abgöttisch.« Dennoch, bei aller Fügsamkeit und Unterordnung entsteht nicht der Eindruck, daß die Mutter ein ohnmächtiges Schattendasein führt. Wenn der Vater mit lauter Stimme redet und redet, sie etwas sagen möchte, der Vater aber mit dem Reden nicht aufhört, dann sagt sie das, was sie will, gleichzeitig und unbeirrt. Sie übernimmt an der Seite des aufbrausenden Vaters oft die Funktion des Schlichtens. Sie ist offenbar der ruhende Pol in der Familie, wirkt bodenständiger und hat sicher manches aufgefangen und aufzufangen gehabt. Beide Eltern sprechen von der Familie als einer Burg, einer Festung, die ihr höchstes Gut sei und von Verständnis, Harmonie und gegenseitiger Liebe und Achtung getragen sei.

Jörg K. ist in Lübeck geboren und verlebt dort die ersten zehn Lebensjahre. Zum Zeitpunkt seiner Geburt ist er untergewichtig an der Grenze zur Frühgeburt, muß in den Brutkasten, weil er schlecht trinkt. Ernährungsstörungen dauern das ganze erste Lebensjahr über an. Er ist ein unruhiges Kind, das lange Zeit nicht durchschläft, ist zart und anfällig und bereitet den Eltern viele Sorgen. Bis zum zehnten Lebensjahr ist er Bettnässer. Als Kind hat er eine starke Dunkelangst, die sich nie ganz verloren hat, bis in die jüngste Zeit ist er starker Nägelkauer bis zu blutenden Hautverletzungen. Die Sprachentwicklung ist durch das erwähnte Stottern behindert.

Er hat eine eineinhalb Jahre ältere Schwester, die auch in der Hauptverhandlung als Zeugin aussagt. Sie ist eine etwas adipöse, lebhafte Frau, die sehr selbstsicher auftritt. Der Bruder hat früher in ihrem Schatten gestanden, sie ist kontaktfreudiger, patenter und lebenstüchtiger als er, das Lernen ist ihr immer leicht gefallen. Sie hat auch deutlich weniger Schwierigkeiten als er, sich aus der Familie zu lösen. Der einzige Anflug von Mißstimmigkeit und Konflikt, der in den Aussagen der Eltern anklingt, hängt mit der Schwester zusammen, die in ihrer Pubertät vorübergehend gegen die Prinzipien des Elternhauses opponiert: Sie raucht, geht in die Jugendszene, hat Umgang mit jungen Leuten, die sie zu Hause nicht vorzeigt, ist unordentlich und kleidet sich leger.

Dies ist Anlaß zu starker Besorgnis der Eltern – Sorgen, die, wie sie betonen, der Sohn ihnen nie gemacht hat. Denn Schwierigkeiten oder Konflikte mit dem Sohn hat es nach ihren Angaben nie gegeben; schon die Frage danach scheinen sie gar nicht zu verstehen. (»Wie meinen Sie das?«) Der Sohn hat nie eine ausgeprägtere Trotzphase gehabt. Nur von einer Episode berichten die Eltern, wie der Sohn im Alter von sechs Jahren eine Zeitlang mit der Mutter nicht mehr gesprochen hat, weil er es ihr übel genommen hat, daß sie ihn, wie er es erlebt hat, anläßlich einer Mandeloperation im Krankenhaus »abgegeben« und erst die Intervention des Vaters ihn »gerettet« hat. Auch in der Pubertät hat er nie opponiert, ist nie eigene Wege gegangen. Den Eltern gegenüber ist er immer zärtlich, liebevoll, respektvoll gewesen. »Kein

Mensch ist so liebevoll wie er«, wie die Mutter versonnen sagt.

Auch wenn in diesem vollständigen Ausblenden von jeglichem Makel, Problemen etc. die Tendenz mitspielen mag, hinter die Burgmauern nicht blicken zu lassen, die Festung abzuschirmen, den Sohn zu schützen, ist die verklärende, harmonisierende Sicht der Familie die vorherrschende und authentische Wahrnehmung bei allen Familienmitgliedern. Sie leben alle in dem Bewußtsein der Einzigartigkeit oder zumindest Seltenheit einer solchen Familienfestung. Die Eltern sehen ihre Aufgabe darin, den Gutachtern und dem Gericht darzulegen, welch ein Mensch ihr Sohn »wirklich« ist; dann ergibt sich das Urteil »unschuldig« von selbst. Die Eltern sind felsenfest von seiner Unschuld überzeugt. Die Anzeige der Freundin Maria wegen Vergewaltigung ist in ihren Augen fraglos eine Perfidie, das Mädchen hätten sie ohnehin nie gemocht. Ich deute vorsichtig an, daß der Sohn bei mir die zweite Vergewaltigung gestanden hat. Dies ignorieren und überhören die Eltern. Der Tötungsvorwurf ist in ihren Augen eine Ungeheuerlichkeit, »das ist völlig unmöglich, daß er so etwas getan hat, bei den hohen Moralbegriffen, die er hat.«

Jörg K. schildert seine frühe Kindheit als Idylle, malt von dieser Zeit ein schwärmerisch verklärtes Bild. »Die Zeit in Lübeck war das reinste Paradies, ich war wunschlos glücklich und hatte die idealste, traumhafteste, schönste Kindheit, die überhaupt ein Kind haben kann ... Ich lebte in der besten Familie, die es überhaupt in der Welt gibt.« Es ist auffällig, daß er sehr viel und schwärmerisch vom Vater spricht, zur Mutter hingegen fällt ihm wenig ein. »Wenn ich meinen Vater auf der Straße sehen würde, dann würde ich mit der Zunge schnalzen, er ist ausgesprochen gutaussehend. Wenn ich die Mutter sehen würde, dann würde ich vorbeilaufen – als Frau, nicht als Mutter.« Daß die Statur des Vaters groß und stattlich, die Mutter hingegen klein ist, drückt er so aus: »Die Mutter unterliegt einem stärkeren Schrumpfungsprozeß als der Vater.« Einmal kommt ein Anflug von Kritik, als er sagt, der Vater sei »manchmal etwas pingelig«, nimmt dies aber sogleich wieder erschrocken zurück: »Nein, das ist ein negatives Wort, ich will sagen, er ist sehr ordentlich.«

Er spricht sehr viel und sehr gerne über seine frühe Kindheit, hat eine Fülle von Erinnerungen an durchweg schöne Szenen. Er blüht bei diesen Schilderungen regelrecht auf und könnte endlos bei diesem Thema verweilen, kommt auch immer wieder darauf zurück.

Ausführlich schildert er seine Einschulung. Seine Begeisterung gilt einer Lehrerin, für die er schwärmt und die er bis in sein Erwachsenenalter hinein in Abständen besucht, der er Blumen schickt. Nach seinen Schilderungen ist er auf der Schule gut zurechtgekommen. »Ich glänzte mit Einsern und Zweiern.« Auch im Kontakt mit anderen Kindern hat er, wie er sagt, keinerlei Probleme. Er bezeichnet sich als eher tonangebend. »Ich war einer der Hauptanführer in der Klasse, was ich sagte, wurde gemacht.« Die Eltern hingegen lassen durchblicken, daß er sich bereits damals im Lernen anstrengen mußte, daß er ein schüchternes Kind mit einer eher randständigen Position gewesen ist. Er hat aus dieser Zeit alles von der Schule aufgehoben, jedes Bild, das er gemalt hat, jede Arbeit, jedes Schulheft. Der Vater hat ihm dies zu einem Buch gebunden.

Einen Bruch erhält diese Idylle durch eine Zäsur, als Jörg K. zehn Jahre alt ist. Hier ereignet sich etwas im

Leben seines Vaters, das einen Schatten auf die Familie wirft. Was dieses Ereignis genau gewesen ist, bleibt letztlich im dunkeln. Es scheint für alle das Familiengeheimnis zu sein. Der Vater spricht vage von Anfeindungen und schweren Verleumdungen gegen ihn, alles sei gegen ihn verschworen gewesen. Bezüglich der Diffamierungen und Verdächtigungen beläßt es der Vater bei Andeutungen.

Auch die Kinder merken in der Zeit direkt oder über Mitteilungen der Eltern, daß es für den Vater eine Zeit schwerer Kränkungen ist. Es endet damit, daß der Vater von sich aus mit einer Abfindung aus dem Beamtenstatus ausscheidet. Die Familie verläßt Lübeck und verzieht nach Bottrop. Dort richtet sich der Vater freiberuflich als Steuerberater ein, kommt beruflich aber nicht mehr zu Erfolgen, wie er sie früher wohl gehabt hat. Diese Zeit der Kränkungen und Niederlagen mag ein wichtiger Beweggrund für die Eltern gewesen sein, das Bollwerk der Familie auszubauen und sich hinter seine Mauern zurückzuziehen – in einen kompensatorischen Bereich, in dem weder der Vater noch sonst ein Familienmitglied in Frage gestellt ist.

Die Umsiedlung erlebt Jörg K. zumindest im nachhinein als die Vertreibung aus dem Paradies. Auf der neuen Schule findet er sich nicht zurecht, die Umgebung ist fremd, in den Leistungen hinkt er hinterher. Mit den anderen Kindern kommt er nicht zurecht, sie sprechen anders, benehmen sich anders, sind anders gekleidet als er, der Ton ist rauher, die Jungen prügeln sich. Er fühlt sich in dem »Arbeitermilieu« fremd. Er ist die bevorzugte Zielscheibe für die Aggressionen der anderen Kinder, die er auf sich zieht, ohne sich wehren zu können. Oft kommt er weinend zu Hause an. In welchem Ausmaß er sozial randständig ist, wie schwer er es hat, daß er von anderen Kindern drangsaliert wird, schildert die Mutter. Der Sohn findet keinen Freund; in seiner ganzen Art fällt er aus der Gemeinschaft heraus. Dies geht so weit, daß Mitschüler ihn nach der Schule verfolgen, Stinkbomben durch sein Fenster werfen, ihm in die Hoden treten. Die Mutter bringt dies mit der damaligen Hodenoperation wegen eines Wasserbruchs in Verbindung.

Jörg K. kommt dann in Bottrop auf das Gymnasium, das er bis zum Abitur besucht. Die Drangsalierungen durch andere Kinder lassen nach, er bleibt aber innerlich auf Distanz, ist in die Gemeinschaft wenig integriert. Er gilt als brav und überangepaßt und fällt weiterhin durch seine Kleidung auf, die unjugendlich ist, »vornehm«, wie die Eltern sagen. Seine Isolierung interpretiert er für sich positiv: »Vielleicht war ich für andere einsam, ich fühlte mich aber nicht so. Kontakte, die nicht auf meinem Niveau liegen, auf die verzichte ich lieber.« Er ist die meiste Zeit allein, »aber ein Freund ist mir nicht verloren gegangen, denn mein Vater ist nicht nur mein Vater, sondern auch mein bester Freund.«

Er hat einen starken Rückhalt in der Familie und zieht sich in die Familie auch immer zurück. Sehr ordentlich und korrekt bis zur Pedanterie hat er ständig etwas Angestrengtes. Für seine durchschnittlichen Leistungen auf der Schule muß er viel arbeiten. Wirklich entspannt und gelöst ist er eigentlich nie. Im Grunde ist er ängstlich, hat ständig untergründige Bedrohtheitsgefühle, die er mit anakastischen Ritualen einzudämmen versucht. In seiner Freizeit beschäftigt er sich viel mit seinem Hund, macht Waldläufe. Stundenlang kann er durch Wälder gehen und oft mit dem Vater zusammen die Natur studieren.

Auf den Vorschlag des Vaters hin macht er um die

Abiturzeit herum den Jagdschein. Als ein schreckliches Erlebnis hat er in Erinnerung, wie er seinen ersten Rehbock habe schießen müssen. »Es war am 30. Juli 1981 um 9 Uhr 45.« Er habe lange auf dem Hochsitz gesessen, habe das Tier nicht töten können und habe Angst gehabt, es nur anzuschießen. Eine Reihe von Freizeitaktivitäten macht er mit dem Vater zusammen wie das Sammeln von Briefmarken, von Münzen und Orden. Er bemüht sich, mit den Fähigkeiten des Vaters zum Malen und Zeichnen gleichzuziehen, zeigt aber keine kreative Phantasie, es reicht nur zum Kopieren.

Seit der Pubertät leidet er unter einer ausgeprägten Akne, die zeitweise so stark ist, daß sein Unterhemd blutig ist. Er geht nicht zum Schwimmen und vermeidet es, sich in Gegenwart anderer zu entkleiden. Die Akne ist für ihn ein zusätzliches starkes Handicap im Kontaktbereich, zusätzlich zu seiner steifen Art, seiner Tendenz, seine Selbstzweifel hinter einer Fassade von Autarkie und Überlegenheit zu verbergen, was leicht als Arroganz und Anmaßung interpretiert wird. Die mit der Akne verbundenen Kränkungen hat er immer hinwegzurationalisieren versucht nach der Art: Wer sich an solchen Äußerlichkeiten stößt, der ist den Kontakt mit mir nicht wert. Wegen der Akne wird er aus der Bundeswehr ausgemustert.

Nach dem Abitur macht er eine Lehre als Exportkaufmann, die er auch beendet. Der Beruf macht ihm Spaß, er wohnt weiter im Elternhaus. Zwischendurch geht er dreimal für einige Wochen nach England, um seine Sprachkenntnisse zu verbessern. Wenn er außerhalb der Familie ist, zum Beispiel im Urlaub, in England, hat er dichten Kontakt zu den Eltern, schreibt Briefe, telefoniert. Nach der Lehre wird er von der Firma zu einer Aus-

und Weiterbildung in Computertechnik nach Aachen geschickt. Er findet dort eine kleine Wohnung. Anfangs ist er sehr viel allein, findet sich nur schwer zurecht. Zu Festtagen, Familienfeiern, in den Ferien fährt er regelmäßig nach Hause. Es ist auffällig, daß er sich auch noch in dieser Zeit mit einer Reihe von Kuscheltieren, besonders mit »meinem treuen alten Teddy« aus der Kindheit umgibt. »Er ist mein ständiger Begleiter, immer bei mir im Bett. Der ist immer für mich da, ich kann immer mit ihm sprechen, er kann mich nie enttäuschen.« In der letzten Zeit vernachlässigt er zunehmend die Ausbildung und kommt in Verzug. Dies hängt mit seinen Beziehungen zusammen, die in das Tatumfeld und die Vorgeschichte der Straftaten hineinreichen.

Mit zwölf/dreizehn Jahren kommt er in die Pubertät. An kindliche sexuelle Neugier- und Erkundungsspiele mit anderen Kindern hat er keine Erinnerungen; dazu ist er wohl auch zu isoliert gewesen. Immer wieder betont er die tabulose Freizügigkeit im Elternhaus, man habe über alles sprechen können. In der Pubertät haben die Eltern ihm »indirekt« zu verstehen gegeben, daß sie Spuren der Selbstbefriedigung entdeckt haben. »Ich zog die Konsequenzen, das Taschentuch zu benutzen, anstatt das Bett zu versauen.« Er macht sich Gedanken, ob Selbstbefriedigung den Körper schwächt. Die Eltern berichten, daß er nie enge Hosen anziehen will aus Angst, davon steril zu werden.

In häufigen sexuellen Tagträumereien hat er »traumhafte Phantasien von zärtlichen Berührungen, eine Frau, die sich an mich schmiegt, Kuscheln, Nähe, Wärme und Geborgenheit.« Geschlechtsverkehr stellt er sich nicht vor, das sei für ihn unwichtig, »das ist nur eine Sache der Reibung.« Er träumt von »vornehm« gekleideten, »damenhaften« Frauen. Frauen seien für ihn ganz besondere Wesen, die er verehre. »Ich sehe in den Frauen zarte und verträumte Liebe, die Zärtlichkeit, die Schönheit, den Charme, tiefe, grenzenlose Liebe.« Treue, Geborgenheit, Familie mit Kindern, das sei der Inhalt seiner Tagträumereien und Phantasien bis heute.

Eine erste, für ihn wichtige Beziehung hat er mit siebzehn Jahren zu einem dreizehnjährigen Mädchen, »meine große Liebe« und fügt hinzu: »Ich habe immer nur große Lieben gehabt.« Immer wieder zögert er, ob er darüber überhaupt sprechen will. »Ich möchte den Glanz über diesen Frauen nicht dadurch beschädigen, daß ich über sie erzähle.« Bei allen Kontaktaufnahmen ergreifen auch später immer entweder die Mädchen die Initiative oder er erfährt, daß ein Mädchen an ihm interessiert ist, sonst traut er sich nicht, jemanden anzusprechen aus einer hohen Empfindlichkeit und Ängstlichkeit heraus, einem geringen Zutrauen in die eigene Attraktivität.

Solche Selbstskrupel werden von ihm nicht artikuliert; seine Scheu, aktiv auf Mädchen zuzugehen, wird von ihm vielmehr positiv uminterpretiert, wenn er sagt, er wolle Mädchen mit Anträgen nicht belästigen und beleidigen. »Einem besonderen Wesen nähert man sich nicht einfach so. Ich habe immer auf Signale gewartet, um die Mädchen nicht zu verletzen.« Dies steht in einem auffälligen Kontrast zu den Aussagen vieler junger Frauen in der Hauptverhandlung, denen er in einer Art Avancen gemacht hat, die von ihnen teilweise als Aufdringlichkeiten und Belästigungen erlebt wird. Andere machen sich deswegen lustig über ihn; es heißt, ihm sei der Hormonspiegel in den Kopf gestiegen, es komme ihm aus den Ohren heraus.

Seine erste Freundschaft schildert er als eine sehr schwärmerische Beziehung. Er versucht, die Freundin nach seinen idealen Vorstellungen von Kleidung, Auftreten, Benehmen zu formen. Die Freundin ist sehr jung, dies gelingt ihm deshalb zunächst auch. Nach einem halben Jahr kommt es zu ersten heterosexuellen Erfahrungen, die nach seinen Angaben immer völlig problemlos gewesen sind. In erster Linie sind ihm Zärtlichkeiten wichtig, »endlose Umarmungen, ich hätte dahinfließen können«; zum Geschlechtsverkehr kommt es relativ selten.

Eineinhalb Jahre später wird die Freundin schwanger. Die Eltern erfahren davon, sind nach ihren Angaben schwer geschockt, es ist für sie ein schwerer Schlag, eine Welt bricht für sie zusammen, wie sie sagen. Auf meine Frage können sie auch eingestehen, daß sie auf den Sohn wütend sind. Dennoch machen sie ihm keinerlei Vorwürfe, es fällt kein böses Wort, sondern sie versuchen, »es in Harmonie zu erledigen.« Seine Eltern arrangieren eine Schwangerschaftsunterbrechung in Holland. Danach verzieht die Mutter der Freundin mit ihr nach München, die Beziehung überdauert dies noch eine Weile, wird aber nicht mehr so intensiv wie vorher.

Jörg K. hat extreme Treuevorstellungen, er muß das Gefühl haben, eine Frau ganz für sich zu haben, er ist »rasend eifersüchtig«. Gegen Ende der Beziehung berichtet die Freundin ihm von drei an sich harmlosen Episoden, wie sie mit anderen Jungen geflirtet hat. Jörg K. spricht von »schweren Enttäuschungen« durch ihre »Seitensprünge«. Er fragt sie aus, will alles wissen, läßt nicht locker, insistiert stundenlang. So etwas wiederholt sich auch in all seinen späteren Beziehungen.

Es ist für ihn nicht zugänglich, daß diese Tendenz zum Kontrollieren, alles wissen zu wollen, ein Problem von ihm und ein Problem für andere ist. Jörg K. artikuliert jetzt noch starke Vorwürfe an dies Mädchen, zumal er auch später immer wieder ähnliche Erfahrungen von »Untreue« gemacht hat. Er kreidet es den Frauen an, meint, es sei sein Schicksal, daß er immer »an solche Frauen« gerate. Die darin enthaltene Abwertung und verhaltene Wut sind nicht zu überhören. Nach dem ersten »Seitensprung« und »Betrug« der Freundin hat er »meinen alten Teddy wieder rausgekramt. Seitdem ist er mein ständiger Begleiter und hat bei mir einen Ehrenplatz«.

Jörg K. spricht dann sehr lange und ausführlich über die Beziehung zu einem anderen Mädchen, mit dem er innerlich ein Jahr lang stark beschäftigt ist. Er lernt sie auf einer Abiturparty kennen, verliebt sich in sie, schreibt ihr Briefe, traut sich aber nicht, sie um ein Wiedersehen zu bitten. Sein Vater schaltet sich ein und lädt dieses Mädchen, das in Süddeutschland wohnt, ein. »Vater hatte es geschafft.« Überhaupt fällt auf, daß der Vater an dem Liebesleben des Sohnes teilzunehmen versucht; so antwortet er einmal im Namen seines Sohnes, ohne daß dieser etwas davon weiß, auf eine Kontaktannonce.

Das Mädchen, das der Einladung des Vaters folgt, bleibt seine »Princesse lointaine«, die er aus der Entfernung anschwärmt. Gesehen hat er sie nur wenige Male. Es ist eine Beziehung, die wenig Realitätsgehalt hat und überwiegend von seinen Projektionen und Phantasien lebt. Auch hier wieder berichtet er von einer Episode, wie dieses Mädchen einen anderen Mann geküßt hat und redet wieder von »Betrug«, von der »großen Enttäuschung«, obwohl er zu diesem Mädchen gar keine reale Liebesbeziehung hat. Über Jahre versucht er immer wieder, Kontakt zu diesem Mädchen aufzunehmen, er läßt sie nicht los, bis sie sich das eines Tages endgültig und »bitterböse« verbeten hat.

Auch hier wie in allen anderen Beziehungen fällt seine Tendenz auf, den anderen zu kontrollieren, auszufragen, dabei aber selbst verschlossen zu bleiben; er erzählt kaum jemals etwas von sich. Hier wie in anderen Beziehungen findet sich die Tendenz, den anderen mit aufwendigen Geschenken zu überhäufen, die leicht als unangemessen empfunden und deswegen häufiger zurückgewiesen werden.

Zwei Jahre ist er dann ohne feste Beziehungen und ohne Kontakte zu Mädchen. Er betont, dies sei für ihn nie ein Problem gewesen. Er interpretiert diese Einsamkeit zu einem Zeichen von Stärke und Reife um und sagt, er habe nach einem Wort von Hermann Hesse gelebt, solange man dem Glück hinterherlaufe, sei man nicht reif dafür. Sexuelle Kontakte hat er in der Zeit nicht. Kurze und schnelle Abenteuer lehnt er ab.

Während seiner Lehrzeit lernt er die später getötete Susanne M. kennen. Nach seinen Schilderungen ist er häufig mit ihr in einer Clique zusammengewesen. Es entwickelt sich, wie er sagt, eine gute und vertraute Freundschaft. Susanne M. freundet sich mit seiner Schwester an, er lernt ihren Bruder kennen. Sie fahren einige Male in der Gruppe zum Skilaufen. Er sagt, er sei in die Susanne nie verliebt gewesen, sie auch nicht in ihn, es sei immer eine geschwisterlich familiäre Vertrautheit zwischen ihnen gewesen. Aus ihren Tagebüchern geht indes hervor, daß er sich damals ohne viel Erfolg sehr um sie, die als attraktiv, kontaktfreudig, gewandt im Umgang und mit einer großen Anziehung auf andere geschildert wird, bemüht und sie auch mit unverhältnismäßig aufwendigen Geschenken und Blumen überhäuft hat.

Als sie nach Göttingen verzieht, besucht er sie dort einige Male. Bei einem dieser Besuche, kommt es, wie er sagt, auf ihre Initiative hin zum Schmusen und zum Geschlechtsverkehr. Er bezeichnet dies als einen »kleinen Ausrutscher«, eine Liebesbeziehung sei es nie gewesen. Er sieht sie in der Folgezeit ab und an, ihr Umgang sei erneut ganz geschwisterlich gewesen.

Lange Zeit ist er wieder ohne Beziehung zu Frauen. Er bezeichnet diese Zeit als »phantastisch«, »ich war glücklich und zufrieden, bin richtig aufgeblüht«. In Aachen lernt er seine Freundin Maria R. kennen, die ihn später nach dem Bruch der Beziehung wegen wiederholter Vergewaltigung anzeigen wird. Ich schildere an dieser Stelle, was Jörg K. über diese Beziehung und deren Verlauf angegeben hat. Im Zusammenhang mit der Interpretation der Straftaten und der den Taten zugrundeliegenden Entwicklung komme ich auf diese Beziehung nochmals zurück, insbesondere unter dem Aspekt, wie die Frau diese Beziehung wahrgenommen und erlebt hat.

Er lernt sie auf einem Fest kennen und findet sie anziehend. Einige Tage später ruft sie ihn »zu meiner völligen Überraschung« von sich aus an. Sie verabreden sich zum Essen, sie bringt eine Freundin mit »zur Begutachtung meiner Person, wie ich später erfahren habe.« Er hält sich in der ersten Zeit zurück, gibt sich cool und wenig interessiert, um seine Chancen zu vergrößern. Sie bemüht sich regelrecht um ihn, was ihm schmeichelt. Es ist auch ihre Initiative, daß es zu ersten körperlichen Annäherungen kommt. Als sie ihm sagt, sie habe noch nie mit einem Mann geschlafen, weckt dies sein Interesse, »weil sie nicht so ein leichtfertiges Mädchen ist, sondern eine, die auch hohe Vorstellungen von Treue hat«.

In der Folgezeit sehen sie sich häufig, sie übernachtet auch in seiner Wohnung, ohne daß er sich ihr nähert. Erst als sie ihn nach einem halben Jahr direkt auffordert, kommt es zum ersten Geschlechtsverkehr. Sie sehen sich täglich, machen alles gemeinsam. Sie beklagt sich über den zu dichten Kontakt, sagt, sie brauche mehr Freiraum, er solle nicht ständig bei ihr anrufen. Er reagiert perplex und verständnislos. Sie fährt mit einem befreundeten jungen Mann zum Skilaufen. Er bleibt mit einer Mischung aus Wut, Trauer und Eifersucht zurück. Als sie wiederkommt, macht sie mit ihm Schluß und sagt, sie liebe ihn nicht mehr, es sei aus. Er will es nicht wahrhaben, kämpft um sie, läßt nicht locker, verwickelt sie in nicht enden wollende Diskussionen, warum sie nicht mehr wolle und bekommt als Begründung zu hören, er habe sie zu sehr bedrängt, beschenkt, »im goldenen Käfig gehalten«. Er findet dies absurd. »Der wahre Grund war ihre Unfähigkeit, sich an einen Menschen zu binden.«

Nach drei Monaten gibt sie schließlich seinem Drängen nach und nimmt die Beziehung wieder auf. Er freut sich und verbucht dies als ein »Erfolgserlebnis«. In ihm hat sich inzwischen aber etwas verändert. »Vielleicht habe ich vor lauter Kämpfen um sie aufgehört, sie zu lieben. Es hat so viele Mühen gekostet, ich weiß nicht, ob es sich gelohnt hat.« Im Grunde hat er ihr nie verziehen, daß sie ihn gleichsam verschmäht hat.

Die folgende Zeit verläuft zunächst ganz harmonisch, aber ohne Höhen und Tiefen. Auf einer Hollandreise kommt es wegen Kleinigkeiten zum Streit. Wenn Jörg K. verreist, muß, wie auch sonst in jeder Lebenssituation, alles genau vorhergeplant und durchorganisiert sein, nichts bleibt dem Zufall oder spontanen Entschlüssen überlassen. Anlaß des Streites ist, daß sie seinen Auftrag, in Amsterdam ein bestimmtes Hotel zu buchen, vergessen hat. Nach einem Versöhnungsversuch mit einem sexuellen Kontakt macht sie am nächsten Morgen, diesmal endgültig, mit ihm Schluß. Gerade dies, daß sie ihn noch verführt (»mich dazu gezwungen«) und dann verläßt, empfindet er als »hinterlistig und gemein«.

Auch in der Folgezeit gibt er ihr keine Ruhe, will unbedingt wissen, warum sie sich von ihm getrennt hat.

Er ruft sie ständig an, sucht sie fast täglich auf, verwickelt sie wieder in endlose Diskussionen und macht ihr nach wie vor Geschenke. Nach seinen Angaben ist es auch einige Male zu einvernehmlichen sexuellen Kontakten gekommen. Ihre Anzeige sei für ihn ein Schock gewesen, es bestünde dafür keinerlei Berechtigung.

Interpretation und Bewertung

Ich habe die Vorgeschichte skizziert und die Schwierigkeiten geschildert, die sich bei der Untersuchung ergeben haben. Es sind die gleichen Schwierigkeiten, die in der Hauptverhandlung wiederkehren, und die alle Prozeßbeteiligten mit Jörg K. haben: Er ist retentiv, bringt emotional wenig über, wirkt wie verstopft, man bekommt keinen rechten Zugang zu ihm. In der Hauptverhandlung sitzt und schreibt er unentwegt und protokolliert das Geschehen. Er sieht sich die Lichtbilder vom Tatort an, zeigt kaum Regungen, als gehe ihn das alles gar nichts an.

Zu den Vorwürfen, die ihm von den Zeuginnen entgegengehalten und mit all den Folgen, die die Vorfälle für die jungen Frauen haben, präsentiert werden, schweigt er, als gäbe es dazu nichts zu sagen. All dies nimmt erst einmal gegen ihn ein, schafft zumindest eine erhebliche innere Distanz zu ihm und erschwert eine Einfühlung in seine Person.

Eine solche Atmosphäre ist für die Begutachtung ein gravierendes Problem und eine erhebliche Erschwernis. Die Gefahr ist groß, diese kühle Distanz zu ihm unreflektiert zu einer Erleichterung der gutachterlichen Beurteilung umzudefinieren und sozusagen in der gutachterlichen Beurteilung »kurzen Prozeß« zu machen im Sinne einer pauschal negativ bewertenden Charakterisierung der Person mit Adjektiven wie anmaßend, herablassend, gefühllos, selbstmitleidig, unecht, sentimental, unbeeindruckbar, arrogant, etc.

Dies aber würde bedeuten, das Gegen-ihn-eingenommen-sein ihm als Person in Form von Adjektiven und psychiatrisch-psychologischen Kategorien im Sinne von Eigenschaften zuzuschreiben. Es würde bedeuten, zu übersehen und nicht zu reflektieren, daß das, was spontan gegen ihn einnimmt, zugleich der Ausdruck einer Persönlichkeitsstörung, einer gravierenden psychischen Problematik ist.

Ich werde im folgenden versuchen, sozusagen *gegen* diesen atmosphärischen Widerstand den Blick frei zu machen auf einen komplexen und komplizierten Bereich psychischer Störungen und Probleme. Ich werde versuchen, diesen Bereich verstehbar zu machen im Sinne eines Verstehens, das nicht mit Verzeihen oder Entschuldigen zu verwechseln ist, sondern ein besseres Nachvollziehen der inneren Entwicklung meint.

Die Familiendynamik und die Persönlichkeitsstruktur

Jörg K. ist noch ganz eingelassen in den Familienverband, und die Persönlichkeit wird erst vor dem Hintergrund dieser Familie verständlich. Ich beginne deshalb mit einer zusammenfassenden Charakterisierung der *Familiendynamik und -struktur*. Ich will folgende Aspekte hervorheben:

1. Es besteht ein sehr enger familiärer Zusammenhalt, die *Familie* wird als eine *Burg und Festung* erlebt, eine in sich geschlossene Einheit mit festen Mauern nach außen. Die Welt draußen wird in der Tendenz als fremd, feindselig, als potentiell gefährlich erlebt. Dort lauern Gefahren wie Unordnung, Drogen, Chaos, Verbrechen, kurz das Böse. Die Festung der Familie ist jederzeit ein Ort der Zuflucht, in deren Mauern das, was draußen bedrohlich ist, nicht existiert.

Als die Mutter in der Hauptverhandlung von dem »Ort« spricht, in den die Schwester zeitweise gegangen, in den sie »abgeglitten« ist, was die Familie in starkem Maße beunruhigt hat, wird es deutlich: Dieser »Ort« ist fast eine Metapher für einen Sündenpfuhl. Auch wenn man, wie erwähnt, davon ausgehen muß, daß die Angaben der Eltern und des Sohnes von einer Tendenz miteingefärbt sein mögen, auf die Familie nichts kommen zu lassen, keinen Einblick hinter die Mauern zu gewähren, ist das von ihnen gezeichnete Bild der Familie so glanzvoll und ausgemalt, daß es nicht das Resultat eines abdeckenden Ausweichens im Sinne von Einblickverweigerung sein kann.

2. Die Gefahren der Außenwelt existieren in der Familie nicht: Es gibt weder Unordnung und Chaos, noch *Aggression,* Feindseligkeit oder Wut. Dies wird nach außen *projiziert* und nach innen *verleugnet.* Es gibt keinen Egoismus, keine Rivalität, jeder denkt nur an den anderen. Im inneren herrschen Liebe, Wärme, Fürsorge, Verständnis, totale Harmonie und ein einheitliches Miteinander. Konflikte werden ausgeblendet, verleugnet.

Die Mutter hat zwar von »lautstarken Auseinandersetzungen« in der Familie gesprochen, die aber gerade *keine* Kontroversen oder gar Streit sind. Es sieht vielmehr so aus, daß der impulsive Vater laut seine Ansichten äußert und der Sohn mit einstimmt. Ein Aufflackern aggressiver Spannungen ist eher bei beiläufig banalen Anlässen zu beobachten, zum Beispiel in einer von der Mutter erwähnten Szene, als Vater und Sohn einen Nagel in die Wand einschlagen wollen; als es nicht funktioniert, macht der Sohn einen Vorschlag, der Vater brüllt ihn an. Hinterher lacht man darüber, weil doch der Anlaß so nichtig gewesen ist.

Da aber Aggression, Wut, Konflikt, Rivalität auch Bestandteile der menschlichen und mitmenschlichen Realität sind, entsteht der Eindruck, daß die Atmosphäre totaler familiärer Friedfertigkeit das Resultat einer gemeinsamen Verleugnungsarbeit darstellt, mithin etwas Artifizielles ist. Die Familie wird geradezu zelebriert. Jörg K. spricht von »Tischgesprächen« im Elternhaus, die Eltern von einer »Woche der Brüderlichkeit«, die man von Zeit zu Zeit einlegt, von einem »Generationenvertrag«, in dem man sich gegenseitig der Unterstützung versichert, da man der Außenwelt nicht trauen kann.

Familienfeste werden unvergleichbar und unvergeßlich begangen und gefeiert – »ein wahrer Zauber, wie man es sich in der Phantasie nicht schöner vorstellen kann«, wie Jörg K. einmal sagt.

3. Die Familie schart sich um die *Vaterfigur*, die von allen *idolisiert* wird. Die Idolisierung, wie sie auch in der Hauptverhandlung von der Mutter artikuliert wird, hat ein solches Ausmaß, daß sie mit der realen Person des Vaters, wie er sich zum Beispiel als Zeuge dargestellt hat, kaum noch etwas gemein hat. Es ist ferner schwer nachvollziehbar, was die Mutter über das Auftreten von Vater und Sohn in der Öffentlichkeit gesagt hat: »Wenn die beiden ein Lokal betraten, guckten alle, das war etwas Besonderes, irgendwie feierlich.« Die *Mutter* tritt in die Unscheinbarkeit zurück, ist aber der ruhende Pol, vielleicht sogar die eigentlich *Mächtige*, von deren »Machtmonopol« die Überhöhung des Vaters ablenkt. Als wir in Hamburg mit beiden Eltern gleichzeitig gesprochen haben, hat dies so ausgesehen, daß der Vater geredet hat und die Mutter kaum zu Wort gekommen ist.

In der Hauptverhandlung bin ich überrascht gewesen, wieviel die Mutter geredet hat, wie aufschlußreich ihre Darstellungen gewesen sind. Wenn überhaupt einmal Andeutungen über Konflikte, Unebenheiten, Schwierigkeiten geäußert werden, dann am ehesten noch von seiten der Mutter und auch der Schwester. Die Frauen in der Familie sind bodenständiger, realitätsverhafteter und nicht so abgehoben wie Vater und Sohn. Der Vater verkörpert im Elternhaus die Prinzipien, die Tugenden, die die Maßstäbe in der Familie setzen – Maßstäbe und hohe Ideale, die ebenso selbstverständlich wie letztlich unerreichbar sind. Dies ist verbunden mit einem Bewußtsein des Elitären, aber auch mit einem inneren Druck, dem

Gefühl, diesen Anforderungen nicht genügen, diese Erwartungen nicht erfüllen zu können.

4. Zwischen den Familienmitgliedern sind die *Grenzen unscharf* und durchlässig. Der Vater hat geschildert, wie er sich in dem Sohn wiedererkennt als eine »narzißtische Verdopplung«, wie er seine eigenen Wünsche und Phantasien in dem Sohn realisiert sehen möchte. Nur ein Beispiel ist, wie der Vater den Sohn dazu überredet, den Jagdschein zu machen, weil er früher einmal selbst hat Förster werden wollen. Der Vater hat ferner geschildert, wie er unter der Akne des Sohnes physisch gelitten hat, »bis ins Mark getroffen« gewesen ist, wenn der Sohn zurückgewiesen wurde.

Der Sohn seinerseits imitiert nicht nur den Vater, er erzählt auch bildreich biographische Episoden aus der Kindheit des Vaters so lebendig, als seien es seine eigenen Erlebnisse und Erinnerungen. Er erzählt und erlebt den »Familienroman«. Die unscharfen Grenzen zeigen sich auch darin, daß jeder für das Befinden des anderen die Verantwortung trägt; dadurch werden leicht Schuldgefühle induziert.

Das Fehlen fester Grenzen ist auch in der Aussage der Mutter deutlich: Sie hat zu Hause immer nachgefragt, hat immer alles wissen wollen. Sie spricht davon, was in dem Sohn vorgegangen ist, zum Beispiel, daß ihn die Hänseleien auf der Schule nicht so gekränkt haben. Sie beklagt sich, daß sie in der Untersuchungshaft nicht unbewacht mit dem Sohn sprechen könne und sagt, er sei immer schon sehr verschlossen gewesen, habe wenig von sich erzählt und fügt hinzu: »Da hatte er aber auch nichts auf der Seele, was ich nicht wußte.« Man weiß in der Familie voneinander, ohne miteinander zu reden; es ist eine nach innen gleichsam gläserne Familie.

5. *In beiden Kindern* spiegelt sich die *Hierarchie der Eltern* wider: Die Tochter ist die stabilere, aber ihre Bedeutung wird als nicht so wichtig angesehen. Der Sohn ist der Mittelpunkt, um ihn dreht es sich im wesentlichen, er ist zugleich labiler und angestrengter.

6. Der *Erziehungsstil* in der Familie ist bestimmt durch Verständnis und eine fast grenzenlose Bereitschaft, durch einen möglichst weitgehenden Verzicht auf Verbote und Bestrafungen einerseits, andererseits stehen die hohen Ideale, die Werte, der Satz von Tugenden des Vaters als selbstverständliche und kaum erfüllbare Richtlinien im Raum. Anstelle von Verboten besteht die Tendenz, jedem die Verantwortung für das Wohlbefinden der anderen aufzubürden – nach der Art: Wenn du dies oder jenes tust, dann ist es zwar nicht verboten, aber du mußt wissen, daß wir dann traurig sind und es uns schlecht geht. Es wird mit induzierten Schuldgefühlen als Verhaltensregulativen operiert.

7. Es resultiert eine *Familienideologie*, eine spezifische Wertkonfiguration, eine Denkweise, ein besonderes und eigenes Weltbild. Eine solche Familienideologie, die immer auch identitätsstiftend ist, wird je mehr zu einer Hypothek für die Kinder, desto tiefer die Kluft zu der umgebenden Realität ist.

Vor diesem Hintergrund der Familie wird manches von der *Persönlichkeitsstruktur* des Jörg K. verständlich. Ich hebe folgende Aspekte hervor:

1. Verhaftet in der Familie, als ein Teil von ihr, reicht es nur zu einer *Scheinautonomie*, verbunden mit einem elitären Bewußtsein seiner selbst. Zeugen haben in der Hauptverhandlung ausgesagt, Jörg K. sei von anderen belächelt, nicht recht ernst genommen worden, er habe wie ein kleiner Junge gewirkt. Die Schwester hat die

Beschützerrolle ihm gegenüber nie ganz aufgegeben, wie sie gesagt hat. Im Grunde ist er noch unerwachsen, angewiesen, anlehnungsbedürftig und weich. Wenn er bei der Begutachtung unaufhaltsam von seiner frühen Vergangenheit redet, dann mutet dieser Rückzug in die verklärte Kindheit wie eine Flucht aus der Realität an. In der Haft zieht er sich auf sich selbst zurück, geht in die Isolation und kommt dadurch einigermaßen zurecht, daß er gedanklich und innerlich ganz in der Familie lebt. Es ist für ihn die wichtigste Stütze, die Substanz, von der er zehrt und lebt. Über den gesamten Zeitraum der Untersuchungshaft schreibt der Vater ihm jeden Tag einen langen Brief.

2. Der Tendenz in der Familie, die Außenwelt als potentiell feindlich wahrzunehmen, entspricht bei Jörg K. ein *tiefes Mißtrauen* anderen Menschen gegenüber. Seine Freundin Maria hat ausgesagt, daß er häufig *paranoide* Äußerungen macht, die ganze Welt sei schlecht und gegen ihn. Dies ist auch die Grundhaltung der Eltern. Jörg K. hat ständig Angst, anderen nicht trauen zu können; er muß sich ständig vergewissern und den anderen zwanghaft kontrollieren. Er weicht Nähe zu anderen aus, neigt zum Rückzug auf sich beziehungsweise in die Familienburg und ist im Resultat kontaktarm. Nie ist er gelöst, immer angestrengt und verkrampft. Alle, die mit ihm zu tun haben, beklagen, daß er nie von sich spricht, nie etwas von sich hergeben kann.

3. Eine komplexe *narzißtische Problematik* äußert sich darin, daß er zutiefst unsicher ist und untergründig starke Insuffizienz- und Unterlegenheitsgefühle hat; er erlebt sich als schwach, abhängig und angewiesen. Zur Abwehr solcher Kleinheits- und Ohnmachtsgefühle werden infantile *narzißtische Konfigurationen* wiederbelebt,

wie man dies bei Kindern in kritischen Phasen der Entwicklung beobachten kann. Es sind dies einmal *Größenselbstphantasien* der eigenen Besonderheit und Herausgehobenheit, die der Besänftigung von Verlassenheitsängsten dienen. Zum anderen ist es eine starke *Idealisierung* der Eltern, insbesondere *des Vaters*.

Indem er den Vater nicht nur imitiert, sondern sich grenzverwischend mit ihm identifiziert, hat er gewissermaßen teil an dessen phantasierter Grandiosität und Mächtigkeit. Die Übernahme der väterlichen Werte führt zur Ausbildung eines *grandiosen Ich-Ideals*, unter dessen Diktat er steht. Das resultierende Bewußtsein des Elitären wirkt auf andere leicht anmaßend und arrogant. Seine Tendenz, sich selbst nicht in Frage zu stellen, sich selbst nicht kritisch zu sehen, sondern Schwierigkeiten und Mißerfolge im Leben so zu interpretieren, daß andere seinen hohen Wertvorstellungen nicht gewachsen sind und an seinen hohen Ansprüchen scheitern, geht in die gleiche Richtung.

Die kompensatorische Funktion all dessen bewirkt, daß die forcierte Selbstsicherheit und Überlegenheitshaltung aufgesetzt und brüchig wirkt; die Fragilität des Selbstkonzepts schimmert überall durch. Eine Psychologin, die ihn aus der Untersuchungshaft kennt, hat von einer Fassade von Stabilität gesprochen und gesagt, sie habe sich gescheut nachzufragen, aus Angst, daß dann alles zusammenbricht. Ein Ausdruck dieser Fragilität ist auch seine hochgradige, fast sensitive Empfindlichkeit und Kränkbarkeit, ebenso seine retentive Verschlossenheit, die seine geringe Authentizität widerspiegelt: Bilder, die er malt, werden kopiert, Liebesgedichte, die er schreibt, sind abgeschrieben. Er lebt gleichsam in einer »geliehenen Identität«.

4. Da sich Jörg K. als Inkorporation der Familienideologie erlebt, für die Aggressivität in jeder Form inexistent ist und verleugnet wird und dort, wo sie außen sichtbar wird, äußerst negativ bewertet wird, liegt eine schwere *Aggressionsproblematik* auf der Hand. Er geht Auseinandersetzungen aus dem Wege, meidet Rivalitäten, verleugnet Konflikte und geht einem Ideal von Friedfertigkeit nach. Er verfügt somit nicht über sozial akzeptierte und übliche Ventile für aggressive Spannungen.

Es fällt auf, daß er statt dessen eine heimliche Faszination von Aggressivität verspürt, wenn er zum Beispiel Waffen sammelt oder den Jagdschein macht. Zugleich ist er vor lauter Mitleid kaum in der Lage, auf ein Tier zu schießen. Auch der Vater betont immer wieder die Friedfertigkeit in der Familie. Nicht aus Häme, sondern um die Worte des Vaters zu unterstreichen, fällt der Mutter eine Geschichte aus der Kindheit ihres Mannes ein, wie dieser seinem Bruder, in dessen Schatten er steht und mit dem er mit schlechten Karten rivalisiert, eine Sichel in den Fuß stößt, »versehentlich natürlich, denn mein Mann könnte nie jemanden verletzen.«

Entsprechend der Familiendynamik *projiziert* Jörg K. seine aggressive Spannung nach außen. Ausdruck einer solchen Projektion ist seine *Dunkelangst*, die Angst vor dem »Fremdkörper Mensch im Dunkeln«, wie er es ausgedrückt hat, vor dem Verbrecher. Er fühlt sich im Dunkeln nur sicher, wenn er bewaffnet ist, hat Angst, rücklings erschossen zu werden. Auch das *Stottern*, das *nächtliche Zähneknirschen, das Nägelkauen* sind Symptombildungen, die unerledigte aggressive Spannungen signalisieren. Der anankastische Zug, seine Überordentlichkeit, die Pedanterie, seine *Kontrollzwänge* haben eine angstbindende Funktion – die Angst vor dem Chaos, der

Unordnung, vor der Katastrophe, vor dem Ungewissen, dem diffus Feindseligen bei einer allgemeinen Angst vor Veränderungen und vor Verlust. Deswegen muß er auch alles vorplanen, er kann nichts dem Ungewissen, nichts dem Zufall überlassen.

5. Als letzten Aspekt erwähne ich die *Beziehung zu Frauen und die Sexualität.* Zunächst ist eine sehr starke *Idealisierung von Frauen* als besondere Wesen auffällig, denen man sich mit Ehrfurcht nähert, verbunden mit einer Verklärung der Liebe. Eine solche Idealisierung bedeutet, Frauen auf Distanz zu halten, eine Entfernung zu ihnen zu garantieren. Es ist ein Abwehrmechanismus, dem man häufig bei Männern begegnet, die in bezug auf Frauen Angst, Mißtrauen und eine aggressive Aufladung zeigen. Die Frauen auf den Sockel zu heben, bedeutet zugleich, sie außer Reichweite zu halten und sie zu verschonen und sich selbst vor ihnen in Sicherheit zu bringen. Dies ist auch Teil der Familienideologie beziehungsweise der väterlichen Vorstellungswelt. Als die Eltern von dem puberalen Protest der Tochter, von ihrem Rauchen, ihrem »Abrutschen« in den »Ort« reden – eine Gefährdung, die der Sohn nie habe erkennen lassen –, generalisiert der Vater dies auf alle Frauen und fügt hinzu: »Ich sehe das biologisch, Eva hat doch schon den Adam verführt.«

Es gibt auch bei Jörg K. verdeckte Hinweise darauf, daß er in bezug auf Frauen mißtrauisch ist, er den Eindruck hat, es seien Wesen, die nicht ganz geheuer sind, auf die man sich nicht verlassen kann, die die Männer hintergehen. In seinen Schilderungen ist eines deutlich: Wenn die Frauen von dem Sockel stürzen, dann fallen sie tief, dann werden sie von ihm sehr negativ bewertet, verbunden mit einer verhaltenen Wut, die allerdings sehr gebremst ist. Einem Mädchen, um das er sich insistierend bemüht, das sich ihm aber entzieht, schenkt er zu Weihnachten eine Hexe und wundert sich, daß das Geschenk zurückkommt.

Von verschiedenen Zeuginnen wird in der Hauptverhandlung geschildert, daß er Frauen ständig, man möchte sagen wahllos Avancen macht, er unentwegt auf der Suche ist. Dies geschieht zum Teil mit dramatisierenden Akzenten, wie es eine Zeugin beschrieben hat: Er kniet sich vor ihr nieder, droht, die Möbel aus dem Fenster zu werfen, falls sie gehe. Wenn von Freundinnen der Maria geschildert wird, wie er ihnen in Gegenwart seiner Freundin taktlos Anträge macht, dann hat man den Eindruck, daß er hier Aggressionen der Freundin gegenüber ausagiert, als wolle er ihr eins auswischen.

Es finden sich eher diskrete Hinweise auf *Männlichkeitsängste* und Unsicherheiten der männlichen Identität. In diese Richtung weist die Angabe der Eltern, er habe nur weite Hosen getragen aus Angst vor Unfruchtbarkeit. Kontakte zu Frauen nimmt er nur dann auf, wenn diese aktiv werden oder wenn er ihres Interesses an ihm sicher sein kann. Dahinter steckt die Angst vor Ablehnung, eine geringe Einschätzung der eigenen Attraktivität als Mann. In Beziehungen ist er verschlossen, öffnet sich nicht aus einer untergründigen Angst, die Frauen würden sich abwenden, wenn sie ihn sehen, wie er ist. Schließlich ist sehr auffallend seine Abwertung beziehungsweise seine Verleugnung der Genitalität bei einer schwärmerischen Überhöhung prägenitaler Zärtlichkeiten. Ebenso wie die Aggressivität ist auch der Bereich des Triebhaften ausgeblendet beziehungsweise abgespalten. Wenn eine Frau Anzeichen von »Triebhaftigkeit«, das heißt sexuelles Interesse zeigt, dann ist dies Anlaß zu einer massiven Abwertung – bei Jörg K. ebenso wie bei seinem Vater.

Sein durchgängiges und charakteristisches *Beziehungsmuster zu Frauen ist* durch maßlose Totalitätsansprüche gekennzeichnet, eine Frau ganz und ausschließlich für sich zu haben. Teils und überwiegend sind dies Tendenzen in Richtung auf eine totale Kontrolle im Sinne einer »gläsernen Frau«, zu wissen, was in ihr vorgeht; teils sind es Wünsche nach einer symbiotischen Verschmelzung, nach Aufgabe der Individualität. Je weniger er sich einer Partnerin sicher ist, desto mehr klammert er sich an sie, kontrolliert sie bis hin zu einer Belagerung. Er hat ferner die Tendenz, die Partnerin nach seinen Vorstellungen zu formen, damit sie seinem Ideal ähnlicher wird. Es ist im Resultat eine Beziehungsform, die für den anderen sehr wenig Raum läßt. Er will alles vom anderen, alles wissen, gibt aber von sich kaum etwas her, ist retentiv verschlossen, hat Angst, sich zu öffnen.

In diesen Zusammenhang gehört auch, daß er die Freundinnen übermäßig und unverhältnismäßig mit Geschenken überhäuft. Darin drückt sich mehreres aus: Das Geschenk ist einmal ein kompensatorischer Ersatz dafür, daß er ansonsten wenig von sich gibt und hat die Funktion einer Wiedergutmachung – am deutlichsten, als er nach der zweiten Vergewaltigung der Karin B. während der Autofahrt anbietet, er wolle ihr etwas schenken, sie könne sich etwas Schönes wünschen. Das Schenken im Übermaß hat auch den Aspekt, den anderen zu halten, zu binden, zu verpflichten, mit der eigenen Selbstlosigkeit zu beschämen. Die »Freude am Schenken« kann vielfältige Aspekte haben, auch solche der Einengung. Von daher ist es verständlich, daß die meisten Frauen sich daran gestoßen und die Geschenke nicht gewollt haben.

Die infantilen Beziehungsphantasien von symbiotischer Verschmelzung haben als Kehrseite starke *Trennungsängste,* die sich seit der Kindheit wie ein roter Faden durch sein Leben ziehen. Er hat sehr bildliche Erinnerungen an Krankenhausaufenthalte in der Kindheit, wie er sich im Stich gelassen gefühlt hat und wie er dem Vater dankbar gewesen ist, daß er ihn gegen den Willen der Ärzte nach Hause geholt hat. Es fällt auf, daß hier allein der Vater in seinen Erinnerungen auftaucht, nicht die Mutter, um die es doch bei dem Thema kindlicher Trennung in erster Linie geht.

Die starken Fusionierungsversuche mit dem Vater haben sehr wahrscheinlich, für ihn weder bewußt noch durchschaubar, den Aspekt einer Abkehr von der eigentlichen und zentralen Problematik, die mit der Mutter zusammenhängt. Hierfür spricht auch die Angabe der Eltern, der Sohn habe bis etwa zum neunten Lebensjahr eine überaus starke Beziehung zur Mutter gehabt mit einem ausgeprägten Bedürfnis nach Zärtlichkeit und Körperkontakt; er habe sich dann ganz abrupt an den Vater gehängt, was für die Mutter, wie sie sagt, sehr schmerzhaft gewesen ist.

Auch im späteren Leben fällt auf, daß er sich nie wirklich trennt, sich von Beziehungen innerlich nicht verabschieden kann. Trennungsängste sind auch der Hintergrund seiner extremen konservativen Veränderungsphobie. Trennungsängste und Phantasien einer symbiotischen Verschmelzung signalisiert schließlich seine persistierende Beziehung zu seinem Teddy und den Kuscheltieren. Solche Gegenstände haben als sogenannte Übergangsobjekte in der kindlichen Entwicklung eine wichtige Funktion und dienen als Trost zur Besänftigung von Trennungsängsten und Verlassenheitsgefühlen. Sie sind für Jörg K. zugleich, wie es in seinen Schilderungen anklingt, gleichsam die besseren Frauen: Sie betrügen nicht, können zuhören, verletzen nicht, sind weich und warm und immer da.

Es resultieren alles in allem schwere Beziehungsstörungen. Enge Freundschaften zu Männern kennt er nicht, zu Frauen hat er nur reduzierte Verbindungen in Form von narzißtischen Beziehungsmustern, ohne sich selbst einzugeben. Bei Menschen mit Beziehungsstörungen, welche mit Beziehungshunger und Einsamkeitsgefühlen einhergehen, kann man häufig eine eigenartige Verkehrung beobachten: Objekte werden personifiziert – Jörg K. hat Kosenamen für seine Waschmaschine, sein Auto, seine Schreibmaschine –, Personen hingegen werden in der Tendenz zu Objekten gemacht, die nach den eigenen Vorstellungen geformt werden sollen.

Als der globale Hintergrund der Straftaten läßt sich resümierend festhalten: Die Abspaltung beziehungsweise die Verleugnung jeglicher Aggressivität in der Familie und bei dem Sohn hat zu einer artifiziellen Wirklichkeit geführt. Die Verleugnung des Triebhaften, die Minimierung der Genitalität gegenüber einer Verklärung der prägenitalen Zärtlichkeiten und der Liebe hat eine artifizielle Sexualität zum Resultat. Es sind Produkte von Verleugnung. Die eigene aggressive Dynamik ist durch Projektion nach außen kaum zu erledigen, ebensowenig die eigene Triebhaftigkeit durch Verlagerung in andere, zum Beispiel die »triebhafte« Frau.

Die Geständnisarbeit

Die Schwierigkeiten von Jörg K.s

Aussageverhalten während der Begutachtung und in der Hauptverhandlung sind beschrieben. Er hat zu den Taten lange Zeit geschwiegen und erst gegen Ende der Beweisaufnahme sich in reduzierter Form eingelassen. Auch was er über sich geäußert hat, ist eher spärlich geblieben. Daß man dennoch in langen Sitzungen vieles über einen Menschen erfährt, liegt auf einer anderen Ebene. Je intimer und persönlicher ein Thema wird, desto mehr neigt er zu abdeckenden Formulierungen, mit denen man abgespeist wird, oder er verfällt in Schweigen. Diese Blokkierungen und das lange Schweigen zu den Vorwürfen haben verschiedenen Facetten und Hintergründe.

Ein rationales Kalkül im Sinne einer zurechtgelegten *Verteidigungsstrategie*, durch ein Schweigen »besser wegzukommen«, mag für ihn möglicherweise ein Aspekt sein, ist aber, wenn überhaupt, sicherlich nicht der einzige und nicht der wichtigste Grund. Bei den polizeilichen Vernehmungen ist der Eindruck entstanden, er rede immer nur dann, wenn er in die Enge getrieben ist und man ihm etwas nachweisen kann, das nicht mehr zu bestreiten ist. Daß er hier in der Hauptverhandlung erst so spät am Ende der Beweisaufnahme, also zum letztmöglichen Zeitpunkt, und nur den Sachverständigen gegenüber das Tötungsdelikt eingestanden hat, betrachte ich nicht vorrangig unter diesem Aspekt, sondern sehe andere Gründe für sein Schweigen und seine Sperren als wichtiger an.

Jörg K. geht ganz in seiner Familie auf, die Familie gibt ihm Stabilität; ohne diesen Halt droht ihm der Zusammenbruch. In der Familie zu leben, bedeutet, die Familienideologie aufrechtzuerhalten; und eines ihrer Hauptcharakteristika ist die *Verleugnung*. Eine Aufgabe dieser Familienideologie, eine Aufgabe der Selbstidealisierung, eine Konfrontation mit all dem, was es in der Familie nicht gibt und was nicht zu existieren hat: Trieb, Aggression, Wut, Gewalt etc. beschwört für ihn die Angst herauf, aus der Familie herauszufallen, vielleicht auch die Angst, die Familie könne dann zusammenfallen – in jedem Fall die *Angst vor dem Verlust seiner »Welt«*. Da die Eltern nach wie vor unverbrüchlich an ihrer Sicht der Welt, der Familie, des Sohnes festhalten, kann man seine Angst verstehen. Dies ist, wie ich meine, der wichtigste Grund dafür, daß die Schwelle zu reden für ihn außerordentlich hoch ist. Ferner ist die *Schamschwelle*, die innere Sperre sehr hoch, über Schwächen und Unzulänglichkeiten überhaupt und ganz besonders über innere Vorgänge im Zusammenhang mit den Straftaten zu reden.

Schließlich ist die Frage, inwieweit ihm bei der Intensität seiner Verleugnung einerseits, die ja nicht mit Leugnen im Sinne von Lügen zu verwechseln ist, sondern einen tief in der Persönlichkeit verankerten Abwehrmechanismus darstellt, inwieweit ihm bei seiner Selbstidealisierung andererseits, die ja ebenfalls nicht lediglich ein trickreiches Täuschungsmanöver nach außen darstellt, innere Vorgänge, die das Triebhafte und eine gewaltsame, destruktive innere Dynamik angehen, überhaupt zugänglich und verbalisiert sind. Der *fehlende innere*

Zugang ist besonders deutlich bei seinem Geständnis des Tötungsdelikts.

Betrachtet man die Geständnissequenzen insgesamt, dann fällt etwas auf: Zunächst hat er bei den polizeilichen und richterlichen Vernehmungen die Straftaten bestritten oder sich dazu gar nicht geäußert. Einen ersten Schritt in dem inneren Prozeß der Geständnisarbeit tut er während der Begutachtung in Hamburg, als er die Vergewaltigung der Karin B. einräumt; dies ist ihm nur sehr schwer über die Lippen gegangen. Einen zweiten Schritt geht er während der Hauptverhandlung, indem er das Tötungsdelikt eingesteht – ein Schritt, der ihm noch sehr viel schwerer gefallen ist. Warum, so fragt man sich, hält er nach wie vor daran fest, daß er die Vergewaltigungen der Maria R. nicht begangen hat – eine Frage, die allerdings nur dann Sinn macht, wenn man der Aussage der Maria in diesen Punkten in vollem Umfang folgt; und davon gehe ich hypothetisch aus. Warum bestreitet er ausgerechnet diese Taten, die doch juristisch die am wenigsten gravierendsten sind? Warum ist ausgerechnet hier die Geständnishürde für ihn am höchsten?

Die Antwort ergibt sich, wenn man folgendes bedenkt: Diese (rudimentäre) Geständnissequenz ergibt eine nachvollziehbare, einsichtige, verständliche und quasi normalpsychologische Begründung für das Auftreten und Eskalieren seiner Wutaffekte im Sinne von reaktiven Affekten und Rachephantasien, als Reaktion auf ein erlittenes Unrecht: die Anzeige seiner Freundin. Das Festhalten an dem Bestreiten dieser Taten ist ein Ausdruck seiner generellen »Normalisierungstendenz« in bezug auf seine Person. Die Entwicklung stellt sich so in einem viel »normaleren« Licht dar. Es ist für ihn vor sich selbst und nicht zuletzt auch vor seiner Familie eine Art moralischer, nicht juristischer Entlastung. So wie er nach dem Tötungsdelikt vorübergehend, wenn auch vergeblich versucht hat, sich selbst und anderen einzureden, er könne es nicht getan haben, so mag er sich nach den Vergewaltigungen der Maria R. in seiner Wut auf sie in die Vorstellung hineingesteigert haben, ihre Anzeige sei ein Affront gegen ihn, ein schweres Unrecht, das ihm zugefügt worden sei.

Der Hintergrund der Straftaten

Aufgrund der Sozialschicht und der Familie, aus der Jörg K. stammt, aufgrund seiner Persönlichkeitsstruktur ist die Schwelle für Aggressionsäußerungen allgemein, für Gewalttätigkeiten und Vergewaltigungen speziell für ihn ganz besonders hoch anzusetzen. Es stellt die krasse Verkehrung all seiner Werte ins Gegenteil dar. Es sind Handlungen, die zu seinen Idealen reiner Liebe und Zärtlichkeit, zu seiner Verleugnung von Aggresivität und Genitalität und seiner Glorifizierung prägenitaler Zärtlichkeiten kraß kontrastieren.

Soweit er sich dazu geäußert hat, spricht er bezüglich der Delikte von einem Einbruch von etwas Fremdem, von einem »Schub« – etwas, das mit seiner Person nichts zu tun hat, das er in keiner Weise versteht. Zutreffend an solchen Formulierungen ist, daß hier etwas Wirklichkeit wird, das im Kontext der Familienideologie ebensowenig vorkommt wie in seinem stilisierten Selbstkonzept, das gemessen daran in der Tat unverständlich und fremd anmutet und einer starken Abwertung unterliegt. Es ist deshalb schwer anders vorstellbar, als daß den Straftaten innere Vorgänge von einer Vehemenz und Brisanz vorausgegangen sind, und dies läßt sich auch nach seinen Einlassungen in den letzten Gesprächen rekonstruieren.

Der Ausgangspunkt ist eine schwere narzißtische Persönlichkeitsstörung mit einer extremen Kränkbarkeit, mit starken Verlust- und Verlassenheitsängsten. Bereits die Reaktionen auf Krankenhausaufenthalte in der Kindheit zeigen diese Ängste. In der Folgezeit ist er in der Gemeinschaft randständig, wird drangsaliert, erlebt eine Fülle von Kränkungen und Zurückweisungen, die sich mit der auftretenden Akne verstärken. Zurückweisungen und Entwertungserlebnisse ziehen sich wie ein roter Faden durch sein Leben. Ein weiterer Ausgangspunkt ist eine untergründige Angst vor Frauen, Aggressionen und Wutgefühle Frauen gegenüber, die lange Zeit durch Idealisierung der Frauen unter Kontrolle, in Schach gehalten und abgewehrt werden.

Von einer zentralen und auslösenden Bedeutung für die in Gang kommende Entwicklung zu den Straftaten hin ist das, was sich in der konfliktreichen Beziehung zu Maria R. ereignet. Es ist für ihn die zweite intensive Beziehung zu einer Frau nach einer längeren Zeit der Einsamkeit. Maria ist kein verschüchtertes, kleines, ängstliches Mädchen, sondern eine selbstbewußte, eher resolute junge Frau, die weiß, was sie will. So wird sie von anderen geschildert und so stellt sie sich auch in der Hauptverhandlung dar.

Um so bemerkenswerter und eindrucksvoller ist ihre Schilderung dieser Beziehung, die auf eine völlige Bemächtigung hinausläuft. Jörg K. kommt schon zu Beginn der Beziehung ständig an, »es war fast schon zuviel«, er hat sie »bedrängt«, sie »eingeengt«, sie fühlt sich durch seine unverhältnismäßigen Geschenke »gekauft«. »Ich konnte nicht mehr ich selbst sein«. Er hat sie »terrorisiert, wie eine Puppe, mit der man alles machen kann«, sie fühlt sich wie eine »Marionette«, ständig lauert er ihr auf. Es hat ihr angst gemacht, »daß jemand so etwas mit mir machen kann.«

Ihre erste Trennung von ihm hat ihn tief verwundet.

Dies ist eine erste einschneidende Zäsur. Diese Zurückweisung erlebt er subjektiv als schwere narzißtische Kränkung. Er sieht sich verworfen, erlebt sich als entwertet; es trifft in seine zentrale Wunde. Diese Verletzung aktualisiert seine Wut und führt zu einem *ersten Stadium eines aggressiven Agierens.* Er kontrolliert sie, terrorisiert und schnürt sie gleichsam ein. Er kann die Trennung nicht akzeptieren, setzt nach, läßt nicht locker; seine Belagerung wird zur Blockade. Ihre Angaben über den Telefonterror, das ständige Auflauern, Kontrollieren und Verfolgen erweckt den Eindruck, daß er gewissermaßen rund um die Uhr, Tag und Nacht damit beschäftigt ist. Es bleibt kaum Zeit für etwas anderes, er hat kaum noch Valenzen für Ausbildung und Beruf.

All dies führt zwangsläufig dazu, daß Maria R. sich erneut und diesmal endgültig von ihm trennt. Dies wird von ihm als eine weitere, massive Kränkung erlebt, er empfindet dies als die endgültige Verwerfung und Entwertung. Dies erhöht seine innere Wut, und es folgt das *zweite Stadium des aggressiven Agierens,* welches darin kulminiert, daß er sie in die Knie zwingt, sie unterwirft, über sie verfügt.

Diese von Maria R. als Vergewaltigung erlebten Ereignisse haben sich nach ihren Angaben folgendermaßen zugetragen: Mit der Begründung, er wolle ihr etwas aushändigen, geht er mit ihr in seine Wohnung. Als sie wieder gehen will, schließt er die Tür ab, sagt ihr im Befehlston, sie solle sich ausziehen. Er wirkt auf sie völlig verändert, entschlossen, hart, sie bekommt Angst vor ihm, findet ihn brutal. Er fotografiert sie nackt, zwingt sie zu obszönen Posen, bevor er sie dann vergewaltigt. Anschließend sagt er, sie könne froh sein, daß er sie nicht völlig fertiggemacht habe.

Bei späteren Telefonaten droht er damit, die Fotos in ihrem Bekanntenkreis herumzuzeigen. Mit dem Versprechen, die Negative mitzubringen und sie vor ihren Augen zu verbrennen, erreicht er, daß sie ihn in ihre Wohnung einläßt. Sie verbrennen die Negative, sie ist erleichtert, sie essen bei ihr etwas zusammen. Als sie ihn zum Gehen veranlassen will, zwingt er sie abrupt ein weiteres Mal, sich zu entkleiden. Er hat einen Fotoaparat dabei, baut mitgebrachte Lampen auf und fertigt erneut Nacktfotos von ihr an. Sie sagt aus, in dieser Situation vor Angst wie gelähmt gewesen zu sein, Jörg K. habe auf sie »wie ein wildes Tier« gewirkt. Unter dem erpresserischen Einsatz der Fotos kommt es noch zu einer dritten Vergewaltigung.

Folgt man ihren Aussagen, dann sind es jeweils minutiös geplante Handlungen gewesen. Es hat vorher keinerlei Streit gegeben, es ist nicht so, daß er in Rage geraten ist, die Beherrschung verloren hat. Es sind sicherlich *keine* momentanen situativen *Impulsdurchbrüche*, die Taten muten vielmehr wie der Gipfel seiner Bemächtigungsversuche an, sie in die Knie zu zwingen, sie ganz zu dominieren. Aus seiner subjektiven Sicht heraus erscheint es mir vorstellbar, daß er von der Strafanzeige überrascht und über sie empört ist. Er hat gedacht, sie in die Knie gezwungen zu haben; auf diesen Gegenangriff ist er nicht gefaßt.

Maria R. zögert zunächst, Strafanzeige zu erstatten. Einmal fürchtet sie seine Rache, die Veröffentlichung der Nacktfotos. Zum anderen hat sie Angst vor den Fragen der Polizei, warum sie ihn denn in ihre Wohnung gelassen habe. Sie hat Zweifel, ob man ihr diese Vorgänge abnimmt und fürchtet, man könne sie als unglaubwürdig hinstellen. Der Auslöser für ihre Anzeige ist schließlich folgendes, von ihr als massive Bedrohung erlebtes Ereignis: Auch nach diesen Vorfällen hört er nicht auf, sie zu belagern. Eines Abends ruft er pausenlos bei ihr an, sie nimmt den Hörer nicht ab. Er geht zu ihrer Wohnung, sieht Licht, klingelt, sie öffnet die Tür nicht. Er wird immer aufgebrachter, ihn überkommt »eine Wut wie noch nie in meinem Leben, ich mußte einfach etwas zerstören«, wie er sagt. Mit einem Messer zersticht er die vier Reifen eines Autos vor ihrem Haus, von dem er annimmt, es gehöre ihren Eltern.

In der Folgezeit geht es ihm schlecht. Ständig ist er mit dem Gedanken an die Strafanzeige, die er als eine weitere schwere narzißtische Kränkung erlebt, beschäftigt, ist voll innerer Unruhe, kann sich nicht konzentrieren; die Decke fällt ihm auf den Kopf, abends kann er nicht einschlafen. Die innere Wut steigert sich und generalisiert sich auf Frauen überhaupt. In diesem *dritten Stadium des aggressiven Agierens* kommt es zum Auftreten von aggressiven Phantasien, Tagträumen von Überwältigungen und Vergewaltigungsvorstellungen, sich zu rächen und es den Frauen heimzuzahlen – Phantasien, die sich zunächst auf seine Freundin Maria beziehen, dann auf Frauen überhaupt.

Das Eingeständnis solcher aggressiver Phantasien in den letzten Gesprächen am Ende der Hauptverhandlung fällt ihm noch schwerer als das Geständnis des Tötungsdelikts. Immer wieder weicht er in Andeutungen aus, vor allem, wenn es darum geht, daß diese Phantasien sexualisiert gewesen sind. Er sagt wiederholt auf Fragen: »Das wissen Sie doch«, wartet auf Formulierungsangebote und sagt dann: »Sie haben den Nagel auf den Kopf getroffen.« Von sich aus, ohne mit einer solchen Frage konfrontiert worden zu sein, sagt er einige Male: »Ich hatte aber vor meinen Phantasien niemals Angst.« Er schildert, wie es ihm schlecht gegangen ist, er fühlt sich »aus der Bahn geworfen«, hat, wie er sagt, in einer »Niedergangsstimmung« gelebt.

Es ist durch Zeugenaussagen belegt, daß er in dieser Zeit die Handschellen gekauft hat, die in seinem Rucksack gefunden worden sind. Überhaupt liegt die Annahme nahe, daß er in dieser Zeit den Rucksack mit den erwähnten Utensilien wie Handschellen, Klebestreifen, Säure, Äther etc. gepackt hat und daß sich die Phantasien zu einem Vergewaltigungsplan konkretisiert haben, obwohl er dies vehement bestreitet. Er hat lediglich von Gedanken gesprochen, wenn er schon wegen einer Vergewaltigung, die er nicht begangen habe, angezeigt sei und womöglich bestraft werde, dann wolle er auch einmal eine Vergewaltigung begehen. Aus einer solchen Rationalisierung seiner aggressiven Aufladung leitet er gleichsam eine Berechtigung zur Straftat ab.

Die Überwältigungsvorstellungen, Fesselungsphantasien (Handschellen, Klebestreifen), vielleicht auch Phantasien, Frauen zu betäuben (Äther), zu beschädigen (die Säure) bezeichnen eine *sadistische Thematik*. Strumpfhose und Slip, die sich ebenfalls in dem Rucksack befinden, lassen an eine fetischistische Symptombildung denken. Dennoch spricht nichts dafür, daß es sich hier um eine Perversionsbildung im Sinne einer stabilen sexuellen Orientierung, um eine sadomasochistische und/oder fetischistische Fixierung handelt. Für eine solche Interpretation und Einschätzung reicht es auch nicht, wenn in der weiteren Vergangenheit von Zeugen hin und wieder unvermittelte »sadistische« Bemerkungen und Einfälle Jörg K.s erinnert werden.

Vor Jahren ist er nach Aussage einer jungen Frau mit

ihr im Auto durch die Straßen gejagt, um ihr zu imponieren und sie zu ängstigen und hat sie plötzlich lächelnd gefragt: »Was würdest du tun, wenn ich dich jetzt vergewaltige?« Gegenüber einem Mitschüler soll er einmal geäußert haben, wie es wohl sei, wenn Medizinstudenten einer Leiche die Gesichtshaut abziehen oder in den Hals stechen – eine Bemerkung, die makaber an das Tötungsdelikt und an die Äußerungen der Karin B. gegenüber erinnert, er wolle ihren Skalp abziehen, um in ihr Gehirn zu sehen. Auch wenn dies auf eine gedankliche Beschäftigung mit aggressiven Inhalten hindeutet, sind diese sadistischen Einfälle und Vergewaltigungsphantasien als etwas zu sehen, was im Unterschied zu einer fixierten Perversionsbildung als *perverse Reaktion* bezeichnet werden kann – eine passagere Aktualisierung einer perversen Thematik in einer psychischen Krise und an diese gebunden.

Im Zuge dieser Entwicklung kommt es zu der *Vergewaltigung der Karin B.* Ein Unterschied zu den vorausgegangenen Vergewaltigungen der Maria R. besteht darin, daß er die Karin B. kaum gekannt hat. Er hat aus Erzählungen anderer den Eindruck gehabt, sie sei »leicht zu haben« und »triebhaft« im Sinne von sexuell interessiert – etwas, das er Frauen nicht zugesteht, wofür er sie verachtet. Insofern ist sie in seinen Vorstellungen ein geeignetes Projektionsfeld für seine Aggressions- und Wutaffekte.

Eine Parallele zu den Vergewaltigungen der Maria R. liegt darin, daß man auch hier schwer darum herumkommt, eine minutiöse Planung anzunehmen, wenn man an die Anrufe im Vorfeld, an den Inhalt des mitgebrachten Rucksackes und daran denkt, daß er sein Auto in der Nachbarschaft abstellt, um nicht gesehen und erkannt zu werden. Auch hier geht dem Delikt kein Streit voraus. Die Tat ist wiederum *kein* situativer momentaner *Impulsdurchbruch*. Im Gegenteil, eindrucksvoll ist die Äußerung der Karin B., seine »unheimliche Ruhe» habe ihr angst gemacht, sie habe ihn »kühl und kalkuliert« erlebt. Die Aggression, die Intensität der Vergewaltigung ist diesmal erheblich größer: Er bedroht sie mit einem Messer, macht sie wehrlos mit Handschellen, macht sie mundtot mit dem Pflaster. Auch wenn er diese Utensilien nach kürzerer Zeit wieder entfernt, signalisieren solche Handlungen in noch stärkerem Maße die totale Bemächtigung und Unterwerfung.

Er selbst bestreitet indes, wie erwähnt, jede Planung, sagt vielmehr, es sei in der Situation plötzlich wie etwas Fremdes eingebrochen. »In dem Moment überkam mich etwas, klickte was aus. Ich bin ihr ran an die Gurgel gegangen... Dann kam der nächste Schub, da muß ich mein Messer herausgezogen und ihr an den Hals gehalten haben. Ich weiß nicht, wie meine Hände an ihren Hals kamen. Für mich ist das alles widernatürlich.« Wie dem auch sei – eine auffällige Parallele liegt wieder in dem »Psychoterror« nach der Tat: Er bearbeitet sie, setzt sie unter Druck, erzeugt nach ihren Aussagen auch Todesangst bei ihr, wenn er zum Beispiel auf der Rückfahrt zu seinem Auto während eines Haltes ihren Kopf auf seinen Schoß zieht, sie anguckt und sagt, er möchte ihren Skalp abziehen, um zu sehen, was in ihrem Kopf vorgehe, ob sie den Gedanken habe, ihn anzuzeigen. Erstaunlich ist, in welchem Ausmaß ihm gelingt, sie einzubinden: Sie hat keine Anzeige erstattet und hätte es wahrscheinlich auch nie getan, wäre das Tötungsdelikt nicht geschehen.

In dieser beunruhigten, aggressiv aufgeladenen, gespannten inneren Verfassung trifft er mit der Susanne M.

zusammen. Er kennt sie, wie geschildert, seit langem, es ist nach seinen Schilderungen ein freundschaftlich kameradschaftliches Verhältnis. Es ist die Frage, ob dies zutreffend ist oder ob er sie geliebt hat und heimlich immer noch liebt, sie für ihn aber unerreichbar ist. Die Intensität, mit der er früher um sie geworben, für sie geschwärmt hat, spricht für diese Annahme. In ihrem Zimmer werden eine Reihe schwärmerischer Liebesbriefe von ihm aus der Zeit ihres Kennenlernens gefunden. Noch in der letzten Zeit äußert er ihrem Bruder gegenüber: »So eine wie deine Schwester müßte man zur Freundin haben.« Auch anderen Personen gegenüber sagt er, die Susanne sei für ihn etwas Besonderes. Bei der Schilderung des Tatabends wählte er die Formulierung, er sei froh und glücklich darüber gewesen, »daß ich in ihrer Nähe sein *durfte*«.

Es gibt im Vorfeld eine Reihe von Unterschieden zwischen den früheren Vergewaltigungen und dem *Tötungsdelikt:* An dem Tatabend kommen eine Reihe von zufälligen Ereignissen zusammen. So etwas wie ein Plan ist in keiner Weise ersichtlich. Jörg K. will an diesem Abend nicht mit den anderen zum Essen gehen, er möchte zu Hause bleiben, läßt sich dann aber überreden mitzukommen. Man ißt zusammen. Es finden sich keine Anhaltspunkte dafür, daß sich zwischen Jörg K. und Susanne M. etwas Besonderes zugetragen hat. Es ist für ihn nicht vorherzusehen gewesen, daß sie zu dritt in ihrer Wohnung sind, daß der andere dann geht und Jörg K. mit Susanne M. allein zurückbleibt.

Nach seinem Geständnis haben sich die Ereignisse des Abends so zugetragen: Nachdem der andere gegangen ist, verspürt er den Wunsch nach Nähe, Zuwendung und Schutz, er möchte in den Arm genommen werden. Er kuschelt sich an sie an, es kommt zu Zärtlichkeiten, sie entkleiden sich, schließlich kommt es zum Geschlechtsverkehr. Während sie nebeneinander liegen, fängt er ganz plötzlich an, hemmungslos zu weinen und zu schluchzen. Susanne M. versucht, ihn zu trösten und fragt, was denn los sei. Er läßt sich fallen, erzählt seinen Kummer mit seiner früheren Freundin Maria und von ihrer Anzeige.

Er fühlt sich aufgehoben, beschützt, verstanden und geborgen. Es ist, wie er sagt, das erste Mal in seinem Leben, daß er sich so hingegeben und geöffnet hat. Auch in bezug auf seine Mutter kann er sich an solche Geborgenheitsgefühle nicht erinnern, fügt aber wie pflichtschuldig hinzu: »Als ich ein kleines Kind war, ist das bei meiner Mutter sicher auch so gewesen, das ist nur nicht mehr in meinem Gedächtnis.« Er fühlt sich ohne Mauer und grenzenlos aufgehoben. »Ich hatte das Gefühl zu fallen, zu fallen und sanft hinunterzuschweben.«

Plötzlich und ohne jede Vorankündigung kommt es, wie er sagt, bei Susanne M. zu einem abrupten Stimmungsumschwung. Sein Ausweinen, ihr Trösten ist ihr wohl, wie er meint, auf die Nerven gegangen, sie macht abschätzige Bemerkungen über ihn, ist »hämisch und gemein«, äußert, vielleicht sei ja an der Anzeige der Maria etwas Wahres dran. Sie ist abweisend, kühl, distanziert und fordert ihn auf zu gehen. Es ist für ihn, wie er sagt, wie eine kalte Dusche, er fühlt sich plötzlich fallengelassen, »wie auf den harten Boden aufgeknallt«, fühlt sich rausgeworfen und allein gelassen. Dies erlebt er als eine schwere Kränkung, ein Entwertungserlebnis, ähnlich wie bei der Maria R., die ihn gleichsam weggeworfen hat. In der Situation erfolgt der Anruf, er hört, wie Susanne M. jemanden zur Hilfe in ihre Wohnung bestellt; da fühlt er sich endgültig abgeschoben und beiseite gestellt.

Es kommt noch zu einem Wortwechsel, den er nicht mehr genau in Erinnerung hat. In ihm steigt eine maßlose Wut auf, »wie eine Explosion«, er würgt sie und hat noch überdeutlich ihr Gesicht in Erinnerung, wie es sich blau, dann weiß verfärbt. Dann hat er, wie er sagt, die Augen geschlossen; an das Messer, das er aus der Küche geholt haben muß, und an die Stiche hat er keinerlei Erinnerungen. Er kommt erst wieder zu sich, als es an der Tür läutet und er neben ihr kniet. Jetzt registriert er, was geschehen ist. Er gerät in Panik, will nur noch raus und tut dann zielstrebig alles, um aus der Situation herauszukommen.

Auch das Tatnachverhalten ist darauf angelegt, aus dem Verdacht herauszukommen. »Noch bei der Polizei habe ich das Gefühl gehabt, daß ich das nicht gewesen sein kann. Ich konnte es nicht wahrhaben, es war etwas Irreales. Es war mir so, daß ich sie tot aufgefunden habe. Das kann ich doch nicht gewesen sein.« Er hat später dann in ihrer Wohnung angerufen, »um zu hören, ob passiert ist, was passiert ist«.

Es ist die Frage, wie diese Angaben zum Tatgeschehen zu bewerten sind, wie es sich in der Nacht zugetragen hat. Dies ist eine Frage der Beweiswürdigung seitens des Gerichts, zu bewerten, ob das Fehlen von Kampfspuren als Hinweis gegen eine Vergewaltigung, als Bestätigung seiner Angaben gewertet wird, ob die Lage, in der sie aufgefunden wird, als Hinweis auf eine Vergewaltigung gewertet wird etc. Ich will nur einige Anmerkungen aus der Sicht des Sachverständigen machen.

1. Es fällt auf, daß die Tötung nicht schnellstmöglich erfolgt ist, zum Beispiel durch Erwürgen, wie man es als Reaktion auf die Angst vor Entdeckung erwarten würde,

sondern es kommt darüber hinaus zu massiven Einwirkungen mit dem Messer, nicht nur zu einer Tötung durch einen Stich in den Hals, sondern zu einer Durchtrennung der Kehle, zu massiven Stichen und Schnitten in die Brust. Im Gegensatz zu den früheren Vergewaltigungshandlungen sieht das Tötungsdelikt mehr nach einem situativen *Impulsdurchbruch* aus, als habe ihn irgend etwas in dieser Situation unvorbereitet getroffen.

2. Jörg K. ist ein Mensch, der alles im Leben minutiös plant, der nichts dem Zufall überläßt. Dieses Planen ebenso wie seine Kontrollzwänge haben Schutz- und Abwehrfunktion gegen Unvorhersehbares, gegen die überall drohende Katastrophe. Die Planung der Vergewaltigungen hat unter diesem Aspekt auch eine Schutzfunktion gehabt: Sie dient der Kontrolle darüber, daß die Aggressions- und Wutaffekte im Rahmen bleiben, nicht ausufern, für ihn kontrollierbar bleiben. In dieser Perspektive ist das Fehlen einer Tatplanung an dem Abend gleichbedeutend damit, daß ein Schutzwall gegen die innere destruktive Dynamik nicht im voraus errichtet ist. Geht man davon aus, daß Jörg K. irgendwann in der Nacht unvorbereitet mit einem Ereignis konfrontiert wird, das seine Wutaffekte aktualisiert, dann kann er nicht auf vorbereitete, geplante Schutzmechanismen zurückgreifen. Dies wäre eine Erklärung für den massiven, ja exzessiven situativen Impulsdurchbruch.

3. Jörg K. schildert ein solches, für ihn unvorhergesehenes Ereignis mit einer starken emotionalen Beteiligung. Ich bin geneigt, dies für die Wiedergabe eines tatsächlichen Ereignisses in der Situation zu nehmen. Es ist für ihn die zentrale Kränkung, das Entwertet-werden, Sich-weggeworfen-fühlen, ins kalte Wasser geworfen zu sein, nachdem er sich subjektiv bis zur Schutzlosigkeit

hat fallenlassen – etwas, das er ansonsten immer aus starken inneren Ängsten heraus vermieden hat. Dieses Sich-fallen-lassen, diese Regression bedeutet für ihn Schutzlosigkeit in zweierlei Hinsicht: schutzloses Preisgegebensein im Sinne einer hohen Verletzbarkeit einerseits, aber auch Schutzlosigkeit vor sich selbst im Sinne eines fehlenden Schutzwalls gegen die eigenen Impulse, gegen die eigene Wut andererseits. Die erlebte Zurückweisung ist ein Schlüsselerlebnis, das im Zusammenhang mit seiner Freundin Maria R. den Anstoß zu der ganzen Entwicklung gegeben hat. Entwertet, ausgestoßen, quasi weggeworfen zu werden, ist ein Trauma, das sich wie ein roter Faden durch sein Leben zieht.

Seine Angaben über das regressive Sich-fallen-lassen, sich in die Obhut des Mütterlich-Weiblichen zu begeben, halte ich für authentisch. Und für authentisch halte ich auch seine Schilderung über die subjektiv erlebte abrupte Zurückweisung. Dies hat mit einer verdeckten Schuldzuweisung an das Opfer nicht das Geringste zu tun. Bei seiner, auch von uns erlebten und von anderen immer wieder angegebenen Art zu klammern, nicht loszulassen, zu insistieren, zu beharren, sich nicht abschütteln zu lassen, ist es sehr gut vorstellbar und verständlich, wenn Susanne M. nach alkoholisierter und schlafloser Nacht müde wird, »die Nase voll hat« von der Trösterrolle, er ihr auf die Nerven geht, sie ihn lossein will und dies auch deutlich artikuliert. Für authentisch halte ich schließlich seine Angaben über das affektive Anschoppen als Basis der Aggressionsentladung und Impulsdurchbrüche, was sich dann in welcher Reihenfolge auch immer abgespielt haben mag.

Diese Sequenz als Kern des Geschehens an dem Abend: totale Regression, abruptes Kränkungs- und Entwertungserlebnis, Anschoppen von Wutaffekten, Impulsdurchbruch – halte ich für plausibel. Es fügt sich sehr gut darin ein, daß es über das Würgen, die Halsdurchtrennung, also über die Tötung hinaus zu zerstörerischen Angriffen auf die Brust als den Inbegriff des Weiblich-Mütterlichen kommt.

Wenn ich diese Sequenz für plausibel halte, dann besagt dies noch nichts darüber, wie sich das Tatgeschehen im einzelnen, wie sich im übrigen die Ereignisse der Nacht abgespielt haben, zum Beispiel wann es zum sexuellen Kontakt gekommen ist, ob und gegebenenfalls wann eine Vergewaltigung stattgefunden hat. All dies bleibt der richterlichen Beweiswürdigung vorbehalten.

Die Schuldfähigkeitsbeurteilung

Die Schuldfähigkeitsbeurteilung bezieht sich auf die Paragraphen 20 und 21 des Strafgesetzbuches, in denen es heißt:

§ 20: Schuldunfähigkeit wegen seelischer Störungen

Ohne Schuld handelt, wer bei Begehung der Tat wegen einer krankhaften seelischen Störung, wegen einer tiefgreifenden Bewußtseinsstörung oder wegen Schwachsinns oder einer schweren anderen seelischen Abartigkeit unfähig ist, das Unrecht der Tat einzusehen oder nach dieser Einsicht zu handeln.

§ 21 Verminderte Schuldfähigkeit

Ist die Fähigkeit des Täters, das Unrecht der Tat einzusehen oder nach dieser Einsicht zu handeln, aus einem der in § 20 bezeichneten Gründe bei Begehung der Tat erheblich vermindert, so kann die Strafe nach § 49, Abs. 1 gemildert werden.

Der erste Schritt der gutachterlichen Bewertung besteht darin zu prüfen, ob einer oder mehrere der vier im Paragraphen 20 enthaltenen Begriffe zutrifft beziehungsweise zur Anwendung kommen kann. Der wertende beziehungsweise abwertende bis diskriminierende Charakter der Begriffe (Schwachsinn, Abartigkeit) zeigt, daß es sich um Rechtsbegriffe, nicht um medizinische oder psychologische Kategorien oder Krankheitsbezeichnungen handelt. Die zu beantwortende Frage ist also, ob psychiatrisch-psychopathologische Diagnosen, wenn sie vorliegen, unter einen oder mehrere der vier Rechtsbegriffe zu subsumieren sind.

Im vorliegenden Fall ist dies lediglich bezüglich des Begriffs *»Schwachsinn«* leicht zu beantworten; denn eine Minderbegabung liegt sicherlich nicht vor. Der Begriff der *»krankhaften seelischen Störung«* zielt auf klassisch psychiatrische Krankheitsbilder wie Psychosen und hirnorganische Psychosyndrome, die hier ebenfalls nicht zur Diskussion stehen. Im Hirnstrombild finden sich diskrete Abweichungen, die möglicherweise auf einen frühkindlichen Hirnschaden hinweisen. Die Angabe der Eltern über ein Untergewicht bei der Geburt und über eine Schwächlichkeit im ersten Lebensjahr könnten in diese Richtung weisen. Ansonsten finden sich jedoch keinerlei Hinweise, besonders nicht bei den neuropsychologischen Testuntersuchungen, die besonders empfindliche Indikatoren darstellen. Dieser Befund im Hirnstrombild kann daher vernachlässigt werden.

Falls man eine solche perinatale Hirnschädigung annehmen würde, bedeutete dies folgendes: Vergleichsuntersuchungen haben ergeben, daß ein perinataler Hirnschaden eine ungünstige Ausgangsbedingung darstellt. Solche Kinder sind in der Entwicklung häufiger verzögert, sind oft unruhig und unkonzentriert. Sie weisen im Vergleich zu anderen Kindern eine geringere Flexibilität auf und verfügen über geringere Kompensationsmöglichkeiten. Sie sind den Umweltbedingungen gleichsam schutzloser preisgegeben. Es erhöht sich bei ihnen die Wahrscheinlichkeit einer abnormen Persönlichkeitsentwicklung. Mehr besagt ein solcher Befund nicht.

Der Begriff der *»krankhaften seelischen Störung«* umfaßt aber auch passagere hirnorganische Beeinträchtigungen zum Beispiel durch Alkohol, Medikamente, Drogen. Am Tatabend und in der Nacht des Tötungsdelikts ist Alkohol getrunken worden. Die Rekonstruktion und Rückrechnung ergeben eine Blutalkoholkonzentration von unter zwei Promill, das entspricht einem leichten bis mittleren Rausch. Es ist noch keine Alkoholintoxikation, die dem juristischen Begriff der *»krankhaften seelischen Störung«* entspricht. Auch die eigene Schilderung seines Zustandes läßt nicht auf eine starke Trunkenheit schließen. Dies bedeutet jedoch nicht, daß die Alkoholisierung für das Tatgeschehen gänzlich bedeutungslos ist. Im Gesamtgeschehen kommt dem Alkohol sicherlich die Bedeutung eines Katalysators zu.

Der Begriff der *»schweren anderen seelischen Abartigkeit«* zielt auf Persönlichkeitsstörungen – Neurosen, Charakterstörungen, sexuelle Pervesionen –, die von der Ausprägung und Intensität her als erheblich und gravierend einzustufen sind. Die Kriterien für eine solche Intensitätsbewertung sind bisher recht unscharf; verläßliche objektive Maßstäbe stehen nicht zur Verfügung. Hält man daran fest, daß die menschliche Person nicht wie eine Bremsspur ist, die sich vermessen läßt, dann sind solche Meßlatten auch in Zukunft nicht zu erwarten. Die derzeitige Aufwertung der klassifikatorischen Kategorien in Gestalt der Diagnoseschlüssel in der Psychiatrie der letzten Jahre hat ebenfalls in diesem Bereich zumindest bisher nicht weitergeführt. Ein brauchbares, wenn auch nicht »hartes« Kriterium für eine Intensitätsbewertung ist das Ausmaß, in dem eine Persönlichkeit durch ihre Problematik, Störungen, Konflikte in der Fähigkeit zur Lebens- und Realitätsbewältigung beeinträchtigt ist.

Die Persönlichkeitsstörung bei Jörg K. ist beschrieben. Es ist einleuchtend, daß es sich hier um ausgeprägte und gravierende Defizite und Störungen handelt. Er befindet sich nur solange einigermaßen im inneren Gleichgewicht, als er im Korsett der Familie lebt, die für ihn die Funktion einer Prothese hat. Vor allem in den letzten Monaten der abnormen inneren Entwicklung ist deutlich, daß und wie sehr er aus dem Gleichgewicht gerät. Im beruflichen Bereich kommt er ins Hintertreffen und hat erhebliche Lücken.

Dies verwundert nicht angesichts des Prozesses der Abnormisierung im Tatvorfeld, angesichts der Absorption seiner Aktivitäten zur Kontrolle der Maria R., zur Kontaktsuche bei anderen Frauen. Vor der Vergewaltigung der Karin B. läuft er stundenlang durch die Straßen; niemand weiß, was da in ihm vorgegangen ist. Wie sehr er in seiner Kontakt- und Beziehungsfähigkeit gestört ist, wie allein und einsam er letztlich ist, wie wenig Zugang er zu anderen und andere zu ihm haben, ist von vielen Zeugen in der Hauptverhandlung eindrücklich belegt worden. Eigentlich niemand hat ihn wirklich gekannt. All dies sind hinreichende Argumente, um zu begründen, daß die Persönlichkeitsstörung gravierend und eine Subsumption unter den Begriff der *»schweren anderen seelischen Abartigkeit«* gerechtfertigt ist.

Der Begriff der *»tiefgreifenden Bewußtseinsstörung«* zielt auf Taten, die in einem starken Affekt geschehen. Es wird davon ausgegangen, daß unabhängig davon, ob eine Persönlichkeitsstörung vorliegt oder nicht, eine sehr starke Affektbesetzung zu einer Bewußtseinsveränderung führen kann mit den möglichen Konsequenzen einer erheblich verminderten oder nicht mehr vorhandenen Schuldfähigkeit. Ein solcher Affektzustand ist bei Jörg K. lediglich bezüglich des Tötungsdelikts, nicht der Vergewaltigungshandlungen zu diskutieren.

Legt man seine Angaben über den Tathergang zugrunde, dann gibt es durchaus Hinweise auf eine hohe affektive Aufladung in der Tatsituation: die als massive Kränkung erlebte abrupte Zurückweisung, das Anschoppen von Wutaffekten, die Einengung der Wahrnehmung zu dem Zeitpunkt, als sie telefoniert, die überdeutliche Detailwahrnehmung (ihre Gesichtsverfärbung), vegetative Sensationen (Hitze steigt in den Kopf), die Gefühle einer »explosionsartigen« Entladung, die Vielzahl der destruktiven Einwirkungen und schließlich die Angaben über eine Erinnerungslücke für das eigentliche Tatgeschehen nach dem Griff an den Hals (wenngleich die Ausagekraft und Verwertbarkeit von Erinerungslükken im forensischen Bereich sehr umstritten sind). All dies rechtfertigt die Annahme einer hohen Affektbesetzung zum Tatzeitpunkt, die unter den Begriff der *»tiefgreifenden Bewußtseinsstörung«* subsumiert werden kann.

Die Rechtsbegriffe des Paragraphen 20 sind keine psychopathologischen Diagnosen. Deshalb ist die Zuordnung und Subsumierung von Diagnosen unter diese Begriffe nicht immer eindeutig, und es kann, wie hier, vorkommen, daß mehrere der vier juristischen Kategorien zum Tragen kommen. Auf welchen Begriff dann der Schwerpunkt gelegt wird, ist letztlich nicht entscheidend und eher eine akademische Frage, hat aber auch inhaltliche Implikationen. Wenn meiner Ansicht nach bei diesem Geschehen die *»schwere andere seelische Abartigkeit«* der vorrangige Begriff ist, dann bedeutet dies, daß die Persönlichkeitsstörung und die den Taten vorangehende abnorme psychopathologische Entwicklung das entscheidende Geschehen sind, das Fundament, auf dem ein solches affektives Anschoppen in der Tatsituation überhaupt erst möglich und verständlich erscheint. Die

Wahl der juristischen Kategorien hat insofern in gewissem Umfang prognostische Implikationen.

Mit der Subsumption einer psychopathologischen Diagnose unter einen der vier Rechtsbegriffe ist die Frage nach der Schuldfähigkeit noch nicht beantwortet und die gutachterliche Aufgabe noch nicht beendet. Es schließt sich ein zweiter Schritt an – die Frage, ob aufgrund von *»Schwachsinn«, »krankhafter seelischer Störung«, »tiefgreifender Bewußtseinsstörung«* oder *»schwerer anderer seelischer Abartigkeit«* die Einsichtsfähigkeit in das Unrecht der Tat und/oder die Fähigkeit, sich nach einer solchen Einsicht zu richten, die sogenannte Steuerungsfähigkeit zur Tatzeit erheblich beeinträchtigt oder nicht mehr vorhanden gewesen sind. Das Zweite ergibt sich nicht notwendigerweise aus dem Ersten.

Während die erste *Frage der Zuordnung* sich noch auf der Ebene der Diagnostik und der Projektion der Diagnose in eine andere, die juristische Begrifflichkeit bewegt, also auf dem den Wissenschaften Psychiatrie, Psychologie, Psychopathologie eigenen Boden, liegt die zweite *Frage nach den Auswirkungen* auf die Einsichts- und Handlungsfähigkeit auf einer wissenschaftsferneren Ebene der *normativen Bewertung*, ist aber insoweit noch mit den Psychowissenschaften verbunden, als Phänomene wie Impulskontrolle, Selbstkontrolle Realitäten sind, die in der Psychiatrie und Psychotherapie ständig thematisiert werden.

Insofern ist in begrenztem Umfang auch der psychiatrisch-psychologische Sachverständige für die Frage der Auswirkungen noch zuständig – begrenzt ohnehin in dem Sinne, daß der Sachverständige Zusammenhänge darstellen, Bewertungen vornehmen, Konsequenzen in der Beurteilung dem Gericht unterbreiten, aber keine

Entscheidungen treffen kann. Dies ist ausdrücklich dem richterlichen Urteilen vorbehalten, das sich durchaus nicht den Vorschlägen des Sachverständigen anschließen muß und dies häufig auch nicht tut, wenn es von der Plausibilität der gutachterlichen Interpretation und Bewertung nicht überzeugt werden kann.

Im vorliegenden Fall steht die »Einsichtsfähigkeit« von Jörg K. selbstverständlich nicht in Frage, es geht um die sogenannte »Steuerungsfähigkeit«. Das gesamte Geschehen mit den einzelnen Etappen und Tatsequenzen stellt sich, wie geschildert, als eine innere Entwicklung dar, die im Längsschnitt eine Progression und Eskalation erkennen läßt. Die Entwicklung kommt nach der ersten Trennung seiner Freundin Maria R. in Gang und kumuliert in einer ersten Tatsequenz: den Vergewaltigungen der Maria R. nach ihrer endgültigen Trennung von ihm.

Rekonstruiert man die innere Zuständlichkeit, die psychische Verfassung zu der damaligen Zeit, dann finden sich keine hinreichenden Anhaltspunkte dafür, daß der Prozeß der Abnormisierung sehr weit fortgeschritten war, daß von einem psychopathologischen Zusammenbruch der Abwehrfunktionen auszugehen wäre. Hinzu kommt, daß, legt man die Aussagen der Maria R. zugrunde, die Handlungen geplant erscheinen und nicht das Gepräge von Impulsdurchbrüchen haben. Für diesen Zeitpunkt läßt sich nicht plausibel begründen, daß die Impulskontrolle, die Steuerungsfähigkeit erheblich beeinträchtigt gewesen ist.

In den folgenden drei Monaten kommt es zu einer Progression und Eskalierung, verbunden mit innerer Beunruhigung, Konzentrationsmängeln, Einschlafstörungen, einer wahrscheinlich stärkeren Phantasiebesetzung und Beschäftigung mit Überwältigungs-, Rache-

und Vergewaltigungsphantasien, wenngleich das Ausmaß dieser Progredienz, der Eskalierung und Phantasiebeschäftigung bei seinen stockenden, verhaltenen Angaben schwer zu rekonstruieren ist. Im Zuge dieser Entwicklung kommt es zu einer gewissen Lockerung des Realitätsbezuges in Form eines weitgehenden Kontaktabbruchs zum Beruf und zu anderen Menschen. Die Progression und Eskalation ist jedoch offenbar nicht so exzessiv, daß ein schwerer psychopathologischer Zustand resultiert.

So etwas gibt er weder selbst an, noch wird dies von Zeugenaussagen nahegelegt. Er berichtet zum Beispiel nicht von einer Dranghaftigkeit der Phantasiebesetzung, von einer starken inneren Einengung auf die Phantasien, von dranghaften Realisierungsimpulsen und ähnlichem mehr – Symptome, wie sie für schwere progrediente Entwicklungen dieser Art sonst charakterisch sind. Es ist zwar aufgefallen, daß Jörg K. von sich aus betont hat, er habe keine Angst vor seinen Phantasien gehabt; dies könnte darauf hinweisen und so interpretiert werden, daß solche Ängste bestanden haben. Dies reicht aber nicht aus für die Rekonstruktion einer schweren psychopathologischen Entwicklung und Abnormisierung.

Die Vergewaltigung der Karin B. ist allem Anschein nach geplant, läßt keine hohe affektive Aufladung oder Erregung erkennen und hat auch nicht das Gepräge eines Impulsdurchbruches. Ein planvolles Vorgehen und in sich geordnete Handlungssequenzen sind zwar kein Beweis für eine vorhandene Schuldfähigkeit; aber es findet sich keine akute, exzessive innere Dynamik, die die Handlungsantriebe in der Tatsituation diktieren. Obwohl die abnorme Persönlichkeitsentwicklung im Vergleich zu den Vergewaltigungshandlungen an der Maria

R. deutlich weiter fortgeschritten gewesen ist, finden sich für diese zweite Tatsequenz noch keine hinreichenden Anhaltspunkte für die Annahme einer erheblich verminderten oder aufgehobenen Schuldfähigkeit.

Anders ist gutachterlicherseits das Tötungssdelikt zu beurteilen. Zu der Ausgangsverfassung der Persönlichkeitsstörung, der progredienten abnormen Entwicklung, die mit einer generellen psychischen Labilisierung *(»schwere andere seelische Abartigkeit»)* einhergeht, kommen in der Tatsituation konstellative Faktoren hinzu wie Schlafentzug und Übermüdung einerseits, ein nicht unerheblicher Alkoholkonsum über eine lange Zeit andererseits – Faktoren, die die ohnehin labilen inneren Kontrollinstanzen zusätzlich schwächen und unterhöhlen.

In dieser Verfassung wird er unvermittelt und unerwartet mit der Reaktion des Opfers konfrontiert, die er als schwere Kränkung und Abwertung erlebt und die mitten in seine Wunde trifft. Dies führt zu einem massiven Anschoppen von Wutaffekten und zu einem abrupten Impulsdurchbruch mit einer einhergehenden *»tiefgreifenden Bewußtseinsstörung«*. Immer unter der Voraussetzung, daß es sich so zugetragen hat, wie Jörg K. angegeben hat, ist gutachterlicherseits von einer Einbuße an Impulskontrolle und Selbststeuerung für die eigentliche Tötungshandlung auszugehen – und auch davon, daß diese Einbuße das Ausmaß von »Erheblichkeit« im Sinne des Paragraphen 21 des Strafgesetzbuches gehabt hat.

Die Prognose

Wird ein Angeklagter wegen Schuldunfähigkeit freigesprochen oder nimmt das Gericht eine erhebliche Einschränkung der Schuldfähigkeit an, wird also ein Tatgeschehen als Ausdruck einer psychopathologischen Veränderung einer Persönlichkeit angesehen, dann stellt sich quasi automatisch die Frage nach der Prognose, ob die Gefahr besteht, daß sich ähnliche Straftaten wiederholen. Wenn eine Wiederholungsgefahr bejaht werden muß, wird eine Unterbringung in einem psychiatrischen Krankenhaus angeordnet.

Auch bei Jörg K. schließt sich die Frage nach der Prognose an die Beurteilung der Schuldfähigkeit an – eine Frage, deren Beantwortung in vielerlei Hinsicht ein großes Problem ist. Einmal ist die damit verbundene Verantwortung groß. Geht es um Gewaltdelikte und nicht um eine sozial wenig schädliche Bagatellkriminalität, dann lastet einerseits ein Rückfall schwer auf einem Gutachter, der eine eher günstige Prognose gestellt hat. Andererseits ist es eine sehr folgenschwere Entscheidung, an der man nicht leichten Herzens mitwirken mag, einen jungen Menschen auf zunächst unbegrenzte Zeit in eine psychiatrische Institution einzuweisen, zumal es ungewiß bleibt, ob und inwieweit über die Verwahrung hinaus mit dieser Maßnahme sinnvolle therapeutische Verfahren verbunden sein werden.

Schwierig ist die Beantwortung der Frage nach der

Wiederholungsgefahr auch deshalb, weil es kaum verläßliche wissenschaftliche Kriterien für die Vorhersehbarkeit von Handlungen und Verhaltensweisen gibt. Abgesehen von den Unsicherheiten schon bei der Diagnostik, hängen die Schwierigkeiten der Prognosebeurteilung damit zusammen, daß die menschliche Person kein statischer Apparat ist, den man analysierend auseinandernehmen kann, sondern ein geschichtliches Wesen, dessen Entwicklung auch sehr davon bestimmt wird, was ihm schicksalhaft begegnet ist und begegnen wird; und letzteres läßt sich nicht prognostizieren.

Überlegungen zur Prognose sind Gedankenspiele mit vielen Unbekannten und Unwägbarkeiten. Es gibt nur wenige einigermaßen verbindliche und verläßliche Gesetzmäßigkeiten, auf die man sich stützen kann. Eine dieser Regelhaftigkeiten ist folgende: Je mehr ein Tatgeschehen Ausdruck einer bestimmten Lebenskrise, einer umschriebenen Konfliktsituation ist, je mehr eine Tat durch die äußere Realität mitbestimmt und mitgestaltet wird, je mehr schließlich situitive konstellative Faktoren von ausschlaggebender Bedeutung sind, desto günstiger ist die Prognose, desto geringer im allgemeinen die Wahrscheinlichkeit einer Wiederholung. Je weniger umgekehrt eine Tat durch solche Faktoren geformt und je mehr sie durch die innere Realität des Täters, durch dessen Persönlichkeitsproblematik geprägt ist, desto ungünstiger ist im allgemeinen die Prognose.

Legt man diese Kriterien an dieses Geschehen an, dann ergibt sich folgendes: Auf der einen Seite ist nicht zu übersehen, daß hier lebensgeschichtliche Zuflüsse, eine lebensphasische krisenhafte Zuspitzung, Weichenstellungen durch die äußere Realität und situative konstellative Faktoren von Bedeutung sind. Eine Auslöserfunktion für die Entwicklung zu den Straftaten hin hat die Beziehung zu Maria R. und deren Verlauf, besonders auch die Strafanzeige, die sie gegen ihn stellt und die die progrediente Entwicklung in Gang bringt beziehungsweise beschleunigt. Seine Wut richtet sich zunächst auf sie, erst später generalisiert sie. Beim Tötungsdelikt ist das Tatvorfeld durch den abrupten Stimmungsumschwung der Susanne M. mitgeprägt, der Impulsdurchbruch durch die konstellativen Faktoren begünstigt.

Auf der anderen Seite kann all dies nicht überdecken, daß hier seine *innere* Realität eine ganz entscheidende, das Pathologische dieser Entwicklung gestaltende Funktion hat. Man kann nicht darüber hinwegsehen, daß die auslösende Kränkung, das Verlassenwerden in der Beziehung kein exzeptionelles Trauma, sondern eher ein ubiquitäres, potentiell alltägliches Ereignis ist, jedenfalls kein unvorhersehbarer Schicksalsschlag. Im Gegenteil, aufgrund seiner Persönlichkeitsstruktur mit seinem besitzergreifenden, den anderen total beanspruchenden Beziehungsmuster ist eine Instabilität von Beziehungen vorprogrammiert; ein Verlassenwerden wird gewissermaßen herausgefordert.

So wie das die Entwicklung und krisenhafte Zuspitzung in Gang setzende traumatische Ereignis unspektakulär, zu erwarten und fast alltäglich ist, so ist die in Gang kommende Reaktion ungewöhnlich und steht schließlich in keinem Verhältnis mehr zu der Auslösesituation. Das Opfer der zweiten Vergewaltigung ist unbeteiligt, ein fast unbekanntes und beliebiges Projektionsfeld seiner Überwältigungsphantasien. Auch die Reaktion, das Verhalten der Susanne M. ist ein unspektakuläres, alltägliches Reagieren. Eine solche Reaktion von seiner Seite steht dazu in überhaupt keinem Verhältnis mehr. Aus all dem geht hervor, daß der Persönlichkeitsstörung, also der »inneren Realität« das Hauptgewicht bei der Entwicklung und den Straftaten zukommt. Dies läßt keine andere Beantwortung der Frage nach der Prognose zu als die, eine Wiederholungsgefahr für gegeben zu halten.

4

Das Urteil und die Perspektiven

Der Staatsanwalt hält in seinem Plädoyer an dem fest, was er schon in der Anklageschrift formuliert hat. Er folgt nicht den im Geständnis enthaltenen Angaben über den Tathergang, er sieht es als erwiesen an, daß Jörg K. auch die Susanne M. vergewaltigt und sie dann »zur Verdeckung dieser Straftat« getötet hat. Er fordert eine lebenslange Freiheitsstrafe wegen Mordes.

Das Gericht folgt den Angaben des Jörg K. und sieht auch die Mordmerkmale nicht als gegeben an. Die Tat wird als Affekthandlung bewertet. Das Gericht schließt sich in vollem Umfang den Gutachten an und verurteilt Jörg K. wegen Vergewaltigung und wegen Totschlages im Zustand erheblich verminderter Schuldfähigkeit zu einer Freiheitsstrafe von elf Jahren. Eine Unterbringung in einem psychiatrischen Krankenhaus wird angeordnet und mit einer Therapieempfehlung verbunden. Jörg K. wird, wie es zumeist bei solchen Urteilen gehandhabt wird, sogleich in die Psychiatrie eingewiesen. In der Urteilsbegründung lehnt sich das Gericht sehr eng an die Gutachten an.

Was die Zukunft bringen, wie die weitere Entwicklung von Jörg K. aussehen wird, ist schwer abzusehen und vorauszusagen. Es ist kein Geheimnis, daß es um Therapiemöglichkeiten – sei es im Strafvollzug, sei es in solchen psychiatrischen Institutionen, in denen Straftäter mit Gerichtsbeschluß untergebracht sind, in den sogenannten »festen Häusern« – in Deutschland nicht gut bestellt ist. In einigen europäischen Staaten, besonders in den Niederlanden und den skandinavischen Ländern, sind die Bedingungen wesentlich günstiger. Dort gibt es mit großem personellen und finanziellen Aufwand ausgestattete psychotherapeutisch konzipierte Institutionen, in denen auch schwerst gestörte Patienten mit gravierenden Delikten über viele Jahre mit beträchtlichen Erfolgen behandelt werden.

Vergleichbare Institutionen bei uns gibt es nicht, und es hat auch nicht den Anschein, als zeichne sich so etwas in Zukunft ab. Dennoch hat sich in den letzten Jahren einiges bewegt. Teils bedingt durch die in diesem Bereich verhehrenden Berichte in der Psychiatrie-Enquête, teils angeregt und ermutigt durch Forschungen und Publikationen über die Psychotherapie mit Straftätern, haben einige dieser psychiatrischen Kliniken begonnen, über die Verwahrungsaufgabe hinaus den therapeutischen Auftrag zu verwirklichen und haben therapeutische Konzepte entwickelt.

So bekommt Jörg K. vielleicht die Chance, an einen Psychotherapeuten zu geraten, der die Zeit, die Erfahrung und den langen Atem hat für eine sicherlich schwierige und langwierige Aufarbeitung seiner Störung. Und eine solche Hoffnung braucht auch ein Gutachter dringend, der innerlich Arzt geblieben und nicht zum Gehilfen des Gerichts mutiert ist, um in diesen und vergleichbaren Fällen die Gutachtertätigkeit in seine therapeutische Identität zurückzuholen und mit sich im reinen zu bleiben.

Literatur:

1. Gerhard Mauz: Die Justiz vor Gericht. Macht und Ohnmacht der Richter. München: Bertelsmann 1990
2. Paul Reiwald: Die Gesellschaft und ihre Verbrecher. Zürich: Pan 1948
3. Tilmann Moser: Repressive Kriminalpsychiatrie. Vom Elend einer Wissenschaft. Eine Streitschrift. Frankfurt a. M.: Suhrkamp 1971
4. Friedemann Pfäfflin: Vorurteilsstruktur und Ideologie psychiatrischer Gutachten über Sexualstraftäter. Beiträge zur Sexualforschung. Heft 57. Stuttgart: Enke 1978

Psychologie im Taschenbuch

Martin Dannecker
Das Drama der Sexualität
EVA-TB 174, 180 Seiten
ISBN 3-434-46099-3

Sigrun Anselm
Angst und Solidarität
Eine kritische Studie zur Psychoanalyse der Angst
EVA-TB 47, 240 Seiten
ISBN 3-434-46047-0

Martin Dannecker
Der Homosexuelle und die Homosexualität
EVA-TB 74, 140 Seiten
ISBN 3-434-46074-8

Psychoanalytisches Seminar Zürich (Hrsg.)
Bei Lichte betrachtet wird es finster
FrauenSichten
EVA-TB 98, 170 Seiten
ISBN 3-434-46098-5

Fritz Morgenthaler
Technik
Zur Dialektik der psychoanalytischen Praxis
EVA-TB 72, 152 Seiten
ISBN 3-434-46072-1

Maud Mannoni
Der Psychiater, sein Patient und die Psychoanalyse
EVA-TB 8, 288 Seiten
ISBN 3-434-46008-x

Alexander Mitscherlich u.a. (Hrsg.)
Der Kranke in der modernen Gesellschaft
EVA-TB 29, 554 Seiten
ISBN 3-434-46029-2

TASCHENBUCH

eva

Europäische Verlagsanstalt
Parkallee 2
20144 Hamburg
Telefon 040/45 01 94 - 0
Telefax 040/45 01 94 - 50